ANTHOLOGIE

ANTHOLOGIE

Edited by

ALEXANDER D. GIBSON

WITH THE COOPERATION OF THE FRENCH DEPARTMENT
OF PHILLIPS ACADEMY, ANDOVER

The ODYSSEY PRESS
Indianapolis and New York

The Odyssey Press
A Division of
The Bobbs-Merrill Company, Inc.

Library of Congress Catalog Card Number: 66-28097

ISBN-0-672-63008-7 (pbk)
Fourth Printing

TO MY STUDENTS, PAST AND PRESENT

Préface

CETTE ANTHOLOGIE doit son origine à un projet entrepris par le département de français de Phillips Academy, Andover, pour trouver des lectures littéraires au niveau des étudiants de deuxième année. Les membres du département ont proposé leurs choix individuels de contes et d'autres morceaux, y compris des fables et des extraits d'articles et de récits.

Le rédacteur de ce recueil a pris la responsabilité de choisir les meilleures lectures, de les éditer entièrement en français et d'en faire usage à titre d'essai. A la suite de cette expérience, certains morceaux ont été rejetés et les autres ont été classés d'après leur niveau de difficulté de vocabulaire. A une seule exception, les écrivains représentent les dix-neuvième et vingtième siècles.

Peut-être les professeurs se rappelleront-ils qu'en 1951 le Ministère de l'Éducation Nationale a entrepris au Centre du Français élémentaire à Saint-Cloud des études de fréquences des mots faites par des experts linguistiques, dirigés par M. Georges Gougenheim, pour déterminer le contenu du vocabulaire français élémentaire. Leurs découvertes ont paru dans *Le Français Élémentaire (Premier Degré)*, qui a été publié en 1954 par l'Institut Pédagogique National. Cinq ans plus tard, la seconde édition de cet opuscule, intitulé *Le Français Fondamental*, a paru sous les auspices du Ministère de l'Éducation Nationale.

Le Français Élémentaire, le *Premier Dictionnaire en Images* (Fourré-Didier, 1957), fondé sur *Le Français Élémentaire,* et *Le Français Fondamental* ont servi au rédacteur pour identifier les mots ne faisant pas partie de cette liste du Premier Degré. Ensuite il les a annotés en français.

Profitant de sa longue expérience de professeur, il a fourni des notes pour quelques-uns des mots les plus difficiles de la liste composant *Le Français Élémentaire.* D'autre part, il n'a pas annoté certains mots trouvés dans les livres scolaires de première année mais qui ne sont pas inclus dans le vocabulaire cité ci-dessus. Les mots de la même famille sont restés sans définition. Les sources des notes explicatives ou des définitions étaient—en général—les ouvrages suivants: *Dictionnaire Fondamental* (Gougenheim-Didier, 1958), *Le Petit Larousse,* et *Dictionnaire Usuel* (Quillet-Flammarion).

Pour faciliter le travail de l'étudiant et sa compréhension du texte, le rédacteur a expliqué les mots en français et a mis ces explications au bas de la page au lieu de fournir le vocabulaire français-anglais traditionnel à la fin du livre.

On trouve une liste d'expressions idiomatiques après chaque lecture et une grande variété d'exercices à la fin de l'ouvrage.

Le rédacteur tient à exprimer sa reconaissance à Mme George-Day, Secrétaire Générale de la Société des Gens de Lettres de France, pour l'avoir aidé à obtenir les autorisations nécessaires à la publication des morceaux hors du domaine public.

Enfin, il est très reconnaissant envers ses confrères du département de français pour leur aide précieuse, en particulier le docteur James H. Grew, chef du département, et envers le proviseur de Phillips Academy, John M. Kemper, car, sans leur encouragement et leur aide, cet ouvrage n'aurait pas été terminé.

                                                          A. D. G.

Table des Matières

ANTHOLOGIE

1

Le Chapeau Vengeur[1]

I

APRÈS dîner, l'autre soir, je rencontrai au restaurant un de mes vieux amis qui me dit:

— Qu'est-ce que tu fais ce soir?

— Rien. Il fait froid. Je resterai chez moi au coin du feu.

— Viens avec moi; j'ai deux bonnes places pour cette nouvelle 5 comédie dont tout le monde parle.

— Bon! j'accepte avec plaisir.

Nous appelons une voiture et nous voilà en route. Nous arrivons au théâtre et je m'installe à côté de mon ami dans un excellent fauteuil[2] d'orchestre. J'attends en causant[3] le commencement de la 10 pièce quand tout à coup[4] j'aperçois une femme grande, blonde et mince. Elle va s'asseoir dans le fauteuil placé juste devant le mien.

Je m'aperçois alors qu'elle a sur la tête un chapeau énorme, une espèce[5] de pyramide large et haute, couvert de fleurs, de rubans,[6] je crois même[7] de fruits. 15

1. qui rend le mal pour le mal
2. sorte de chaise avec des bras
3. parlant
4. soudain
5. sorte
6. petites bandes de tissu
7. de plus

1

Le rideau[8] se lève; la pièce commence. J'entends la voix des acteurs, mais naturellement il m'est impossible de les voir. J'essaie alors de regarder à droite, puis à gauche, mais le chapeau est si large qu'il me cache complètement la vue de la scène.[9]

5   — Sapristi![10] dis-je à voix basse[11] à mon ami, voilà un chapeau qui va m'empêcher de voir la pièce!

La dame entend, se retourne vers moi, me jette un regard plein d'indignation, puis s'assoit toute droite sur son fauteuil de façon que le chapeau ou plutôt la pyramide paraissait encore plus haute 10 et me cachait plus complètement encore toute la scène.

Alors je dis à mon camarade:

— Hein?[12] comme j'aurais mieux fait de rester chez moi au coin de mon feu ... j'aurais vu la pièce tout aussi bien!

De nouveau[13] la dame se retourne et m'envoie le sourire le plus 15 ironique, le plus insolent. C'était une vraie provocation et cela exigeait[14] une leçon.

Enfin le premier acte finit, un acte que j'avais entendu mais point[15] vu. Tout le monde avait l'air de beaucoup s'amuser, tout le monde, excepté moi! Et la dame m'avait de nouveau regardé de 20 son air moqueur.

Je remarquai alors que le fauteuil devant celui de la dame au chapeau était occupé par un tout petit monsieur qui avait l'aspect modeste d'un petit employé de bureau.

Je m'approchai de lui.

25   — Monsieur, lui dis-je à voix basse, j'aimerais beaucoup occuper votre fauteuil. Voulez-vous me permettre de l'acheter vingt francs? Je vous donnerai le mien en échange, voyez, celui-ci, deux rangs[16] seulement derrière le vôtre.

8. ce qu'on lève avant la représentation d'une pièce au théâtre
9. partie d'un théâtre où jouent les acteurs
10. Mon Dieu!
11. en parlant bas
12. *interrogation familière*
13. Encore une fois
14. demandait
15. pas
16. lignes de fauteuils

La figure du petit homme s'éclaire[17] d'une vive joie;[18] il prend mes vingt francs et me dit:

— Monsieur, vous êtes vraiment trop aimable,[19] et j'accepte l'échange avec le plus grand plaisir.

II

Me voilà donc en possession du fauteuil devant celui de la dame. 5 Ma première pensée fut de m'y installer en gardant mon chapeau sur la tête; mais je réfléchis que cette action ne serait peut-être qu'une insulte.

Tout à coup il me vient[20] une idée folle mais géniale.[21]

Je sors du théâtre et j'entre dans le premier magasin de modiste[22] 10 que je trouve. Je demande à la marchande de me montrer ce qu'elle a, comme chapeau, de plus gigantesque, de plus pyramidal. Elle en apporte un qui est un vrai monument, avec un énorme ruban et sur ce ruban une profusion de fleurs.

Je demande le prix: 15

— Soixante francs, répond-elle. Une véritable occasion.[23]

Je paye, je prends le chapeau et je rentre au théâtre.

A la grande surprise de mon ami, je m'assois non plus à côté de lui mais deux rangs en avant, devant la dame au chapeau qui semble un peu inquiète[24] en me voyant dans ce nouveau fauteuil. 20

Alors je sors[25] mon chapeau de la boîte et je me le mets sur la tête. Avec mes grandes moustaches, je devais avoir[26] l'air bien comique. Aussitôt[27] tout le monde partit d'un immense éclat de rire.[28]

17. devient illuminée
18. un grand plaisir
19. gentil
20. j'ai
21. qui marque du génie
22. personne qui fait les chapeaux des dames
23. objet de valeur qui coûte très peu
24. anxieuse
25. retire
26. j'avais certainement
27. Immédiatement
28. rit soudainement et brusquement

Les hommes comprirent le sens symbolique de ma protestation
et s'écrièrent:[29]

«Bravo! il a raison! Bravo!»

Quant à moi,[30] je regardai d'un air ironique la dame derrière
moi qui avait causé ma protestation.

Malheureusement si mon idée était géniale, elle était folle aussi.
Deux agents de police s'avancèrent et me demandèrent fermement
d'ôter[31] mon chapeau. Je répondis:

— Dites à madame que j'ôterai mon chapeau aussitôt qu'[32] elle
aura ôté le sien.

En entendant cette réponse, les hommes crient:

«Bravo!», mais les agents me prennent par le bras et me poussent
vers le foyer. Là, ils me rendent ma liberté après que j'ai promis de
ne pas recommencer.

III

La victoire restait à la dame au chapeau.

Désolation!

Tout à coup je vois une jeune ouvrière qui montait vers les places
à bon marché,[33] à la galerie supérieure. Je l'appelle. Je m'excuse
de la liberté que je prends de lui parler ainsi.

— Mademoiselle, voulez-vous me permettre de vous offrir un
beau chapeau tout neuf et que je viens d'acheter soixante francs,
il y a[34] un quart d'heure?

Et je lui montre le chapeau monumental, devant lequel la jeune
fille tombe en extase.[35]

— Et pourquoi cette générosité, monsieur?

— Je ne vous demande qu'une toute petite chose; c'est d'abord

29. poussèrent des cris
30. En ce qui me concerne
31. enlever
32. tout de suite après que
33. qui coûtent très peu
34. *marque un temps qui s'est passé*
35. devient très contente

de vous le mettre sur la tête, puis d'aller vous asseoir à ce bon fauteuil d'orchestre: voici le billet.

— J'accepte, dit-elle.

Aussitôt la jeune fille ôta la petite toque qu'elle portait et la remplaça par le chapeau que je lui offrais. Puis elle se rendit[36] au 5 fauteuil d'orchestre dont je lui avais fait présent.

Ah! si vous aviez vu la joie convulsive du public en voyant mon chapeau faire sa réapparition sur une tête féminine.

Cette fois les agents n'avaient rien à dire!

Quant à moi, j'étais monté à la galerie supérieure pour voir la 10 chose et jouir de[37] ma vengeance. La dame au chapeau ne voyait plus la scène et tout le monde la regardait en riant.

Elle finit par se lever[38] et quitter le théâtre au milieu des éclats de rire du public.

J'étais bien vengé.   15

ROGER RÉGIS[39]
(*Courtesy of Société des Gens
de Lettres de France*)

EXPRESSIONS IDIOMATIQUES

*Employez chacune des expressions suivantes dans une phrase qui
en fera bien comprendre le sens:*

1. faire froid (hier; aujourd'hui; demain).   2. à côté de.
3. avoir l'air.   4. à voix basse.   5. avoir raison.   6. à bon
marché.   7. venir de.   8. finir par (*plus l'infinitif*).

36. alla
37. avoir le plaisir de
38. Enfin elle se leva
39. 1883-

2

La Carafe[1] d'Eau

I

QUATRE jours après son installation à Paris, Hortense Daniel
accepta de rencontrer, au Bois,[2] le prince Rénine. Par un très beau
matin ils s'assirent à la terrasse du Restaurant Impérial.

Autour d'eux la terrasse commençait à se remplir. A la table voi-
5 sine, un jeune homme pâle, dont ils apercevaient le profil insigni-
fiant, lisait un journal. Par une des fenêtres du restaurant arrivait
la musique lointaine d'un orchestre; dans un des salons, quelques
personnes dansaient.

Toutes ces personnes, Hortense les observait une à une, comme
10 si elle eût espéré[3] découvrir en l'une d'elles le petit signe qui révèle
un drame intime, un sort[4] malheureux ou une vocation criminelle.

Or,[5] comme Rénine payait les consommations,[6] le jeune homme
aux joues pâles poussa un petit cri, et appela un des garçons:[7]

— Combien vous dois-je? ... Vous n'avez pas de monnaie? Ah!
15 bon Dieu, dépêchez-vous!

1. sorte de bouteille assez large que l'on met sur la table pendant les repas
2. Bois de Boulogne, vaste parc public entre Paris et Neuilly
3. avait espéré
4. ce qui arrive à une personne
5. *conjonction qui marque une restriction:* Eh bien; maintenant
6. ce que l'on boit dans un café
7. ceux qui servent les clients dans un café ou dans un restaurant

Rapidement Rénine avait saisi le journal. Après un coup d'œil hâtif,[8] il lut à mi-voix:[9]

— Me[10] Dourdens, le défenseur de Jacques Aubrieux, a été reçu par le Président de la République. Nous croyons savoir que le Président a refusé la grâce[11] du condamné et que l'exécution aura lieu[12] demain matin. 5

Lorsque[13] le jeune homme eut traversé la terrasse, il se trouva en face d'un monsieur et d'une dame qui lui barraient le passage, et le monsieur lui dit:

— Excusez-moi, monsieur, mais j'ai observé votre émotion. Il 10 s'agit[14] de Jacques Aubrieux, n'est-ce pas?

— Oui, oui, Jacques Aubrieux, dit en hésitant le jeune homme, Jacques, mon ami d'enfance, je cours chez sa femme ... elle doit être folle de douleur[15] ...

— Puis-je vous offrir mon aide? Je suis le prince Rénine; ma- 15 dame et moi nous serions heureux de voir Mme Aubrieux et de nous mettre à sa disposition.

Le jeune homme, troublé par la nouvelle qu'il avait lue, semblait ne pas comprendre. Il se présenta gauchement.[16]

— Dutreuil ... Gaston Dutreuil ... 20

Rénine fit signe à Clément, son chauffeur, qui attendait à quelque distance, et poussa Gaston Dutreuil dans l'automobile, en demandant:

— L'adresse? l'adresse de Mme Aubrieux?

— 23, avenue du Roule. 25

---

8. regard très rapide
9. en parlant très bas
10. *abréviation de* «maître», titre donné à un avocat
11. pardon ou commutation de peine
12. arrivera
13. Quand
14. est question
15. grande tristesse
16. d'une manière maladroite ou embarrassée

Dès qu'[17] Hortense fut montée, il répéta l'adresse au chauffeur, et, à peine[18] en route, voulut interroger Gaston Dutreuil.

— Je connais assez mal l'affaire, dit-il. Expliquez-la-moi en deux mots. Jacques Aubrieux a tué un de ses cousins, n'est-ce pas?

5   — Il est innocent, monsieur, s'écria le jeune homme, qui paraissait incapable de donner la moindre[19] explication. Innocent, je le jure![20] ... Voilà vingt ans que je suis l'ami de Jacques ... Il est innocent! ...

On ne put rien tirer de lui. D'ailleurs[21] ils arrivaient déjà. Ils

10   entrèrent dans Neuilly[22] par la porte des Sablons et, deux minutes plus tard, s'arrêtaient devant une étroite et longue avenue bordée de murs, qui les conduisit vers une petite maison à un seul étage.

Gaston Dutreuil sonna.

II

— Madame est dans le salon avec sa mère, déclara la bonne[23] en

15   ouvrant la porte.

— Je vais voir ces dames, dit Gaston Dutreuil, en conduisant Rénine et Hortense. C'était un salon assez grand, avec de jolis meubles, et qui, en temps ordinaire, devait servir de cabinet de travail.[24]

Deux femmes y pleuraient, dont l'une, assez âgée, aux cheveux gris,

20   vint au-devant de[25] Gaston Dutreuil. Celui-ci expliqua la présence du prince Rénine, et tout de suite elle s'écria:

— Le mari de ma fille est innocent, monsieur. Jacques! mais c'est le meilleur des hommes ... un cœur d'or! Lui, assassiner son cousin ... mais il l'adorait, son cousin! Je vous assure qu'il est in-

25   nocent, monsieur! Et on va commettre l'infamie de le tuer? Ah! monsieur, c'est la mort de ma fille.

17. Aussitôt que
18. il n'y avait pas longtemps
19. plus petite
20. affirme fortement
21. Pour le reste; de plus
22. petite ville très près de Paris
23. servante
24. pièce où l'on travaille
25. vint vers

Rénine comprit que tous ces gens vivaient, depuis des mois, dans l'obsession de cette innocence, et dans la certitude qu'un innocent ne pouvait pas être exécuté. La nouvelle de l'exécution, inévitable maintenant, les rendait fous.

Il s'avança vers une pauvre créature courbée[26] en deux, et dont le visage tout jeune était convulsé d'une tragique douleur. Déjà Hortense s'était assise auprès d'[27] elle, et doucement l'avait attirée contre son épaule. Rénine lui dit:

— Madame, je ne sais pas ce que je peux faire pour vous. Mais je vous affirme sur l'honneur que, s'il y a quelqu'un au monde qui puisse vous donner un conseil utile, c'est moi. Je vous prie[28] donc de me répondre d'une façon très claire et très nette,[29] comme si vos réponses pouvaient changer la face des choses. Jacques Aubrieux, est-il innocent?

— Oh, oui, monsieur! fit-elle avec la plus sincère conviction.

— Eh bien! je ne vous demande pas d'entrer dans les détails, mais simplement de répondre à un certain nombre de questions. Le voulez-vous?

— Parlez, monsieur.

— Que faisait votre mari?

— Courtier d'assurances.[30]

— Heureux en affaires?[31]

— Jusqu'à l'an dernier, oui.

— Donc, depuis quelques mois, des embarras[32] d'argent?

— Oui.

— La date du crime?

— En mars dernier, un dimanche.

— La victime?

<hr>

26. pliée
27. très près de
28. demande respectueusement
29. précise
30. Celui qui vend des polices ou des contrats d'assurance sur la vie, etc.
31. commerce; travail
32. difficultés

— Un cousin, M. Guillaume, qui habitait Suresnes.[33]

— Le vol?[34]

— Soixante billets de mille francs que ce cousin avait reçus la veille[35] en paiement d'une vieille dette.

5   — Votre mari le savait?

— Oui. Le dimanche, son cousin le lui dit au cours d'une conversation téléphonique, et Jacques insista pour que son cousin ne gardât pas chez lui une telle somme et la déposât dès[36] le lendemain[37] dans une banque.

10   — C'était le matin?

— A une heure de l'après-midi. Jacques devait[38] aller chez M. Guillaume avec sa motocyclette. Mais, assez fatigué, il le prévint qu'il ne sortirait pas. Il resta donc toute la journée ici.

— Seul?

15   — Oui, seul. Les deux bonnes avaient congé.[39] Moi, je me rendis dans un cinéma avec maman et avec notre ami Dutreuil. Le soir nous apprenions l'assassinat de M. Guillaume. Le lendemain matin, Jacques était arrêté.

— Quels motifs d'accusation? Et pourquoi accuse-t-on votre 20 mari?

La malheureuse hésita avant de dire:

— L'assassin est allé à motocyclette à Saint-Cloud,[40] et les traces sont celles de la motocyclette de mon mari. On a retrouvé un mouchoir aux initiales de mon mari, et le revolver qui a servi lui appartenait.[41] Enfin, un de nos voisins prétend qu'à trois heures il a vu mon mari sortir sur sa motocyclette, et un autre l'a vu rentrer à quatre heures et demie. Or le crime a eu lieu à quatre heures.

33. petite ville très près de Paris
34. action de prendre secrètement quelque chose qui est à une autre personne
35. le jour précédent
36. immédiatement à partir de
37. jour suivant
38. avait l'intention de
39. avaient l'autorisation temporaire de s'absenter de leur travail
40. petite ville très près de Paris
41. était à lui

— Et comment Jacques se défend-il?

— Il affirme qu'il a dormi tout l'après-midi. Pendant ce temps, quelqu'un est venu qui a pu ouvrir le garage et prendre la moto-cyclette pour aller à Suresnes. Quant au mouchoir et au revolver, ils se trouvaient dans la sacoche.[42] Rien d'étonnant à ce que l'assas- 5 sin s'en soit servi.

— Cette explication est plausible.

— Oui, mais la justice fait deux objections. D'abord personne, absolument personne, ne savait que mon mari devait rester chez lui toute la journée, puisque,[43] au contraire, il sortait à motocyclette 10 tous les dimanches après-midi.

— Ensuite?

La jeune femme murmura:

— Dans l'office[44] de M. Guillaume l'assassin a bu la moitié d'une bouteille de vin. Sur cette bouteille se trouvaient les empreintes[45] 15 des doigts de mon mari.

Alors la jeune femme se tut et sa mère, voulant lui rendre un peu d'espoir,[46] s'écria:

— Il est innocent, n'est-ce pas, monsieur? Et on ne punit pas un innocent. On n'en a pas le droit. On n'a pas le droit de tuer ma 20 fille. Oh! mon Dieu, mon Dieu, qu'est-ce que nous avons fait pour qu'on nous persécute ainsi? Ma pauvre petite Madeleine!

— Elle se tuera, disait Dutreuil, jamais elle ne supportera l'idée que Jacques soit guillotiné.

Rénine allait et venait dans le salon. 25

III

— Vous ne pouvez rien faire pour elle, n'est-ce pas? demanda Hortense.

---

42. poche de cuir fixée à une bicyclette
43. *marque une cause qu'on connaît ou que tout le monde peut voir*
44. lieu où l'on prépare et l'on conserve les choses nécessaires au service de la table
45. marques ou traces
46. fait ou état d'espérer

— Il est onze heures et demie, répondit-il, troublé, ... et c'est demain matin.

— Le croyez-vous coupable?[47]

— Je ne sais pas ... je ne sais pas ... La conviction de la malheu-
5 reuse est une chose importante, et cependant! ...[48]

Il s'étendit[49] sur un sofa et alluma une cigarette. Il en fuma trois sans que personne interrompît sa méditation. A la fin, il retourna près de Madeleine Aubrieux, lui saisit les mains, et lui dit très doucement:

10 — Il ne faut pas vous tuer. Jusqu'à la dernière minute rien n'est perdu. Mais j'ai besoin de votre calme et de votre confiance.[50]

— Je serai calme, dit-elle, d'un air pitoyable.[51]

— Et vous aurez confiance?

— J'aurai confiance.

15 — Eh bien, attendez-moi. D'ici deux heures, je serai de retour.[52] Vous venez avec moi, monsieur Dutreuil?

Au moment de monter dans l'auto, il demanda au jeune homme:

— Connaissez-vous un petit restaurant peu fréquenté, pas bien loin, dans Paris?

20 — Le restaurant Lutetia, au rez-de-chaussée de la maison où j'habite, place des Ternes.[53]

— Parfait.

En route ils parlèrent à peine.[54] Rénine, cependant, interrogea Gaston Dutreuil.

25 — On les a, les numéros des billets, n'est-ce pas?

— Oui, le cousin Guillaume avait pris note des soixante numéros sur son carnet.[55]

---

47. blâmable
48. quand même
49. se coucha; se mit à plat
50. le fait d'être sûr de la probité de quelqu'un
51. qui excite la pitié
52. revenu
53. place près du Bois de Boulogne
54. presque pas
55. petit cahier de poche

Rénine murmura, au bout d'un instant:

— Tout le problème est là. Où sont ces billets? Si on pouvait mettre la main dessus, on serait fixé.[56]

Au restaurant Lutetia le téléphone se trouvait dans un salon particulier[57] où il pria qu'on leur servît à déjeuner. Une fois seul 5 avec Hortense et Dutreuil il alla au téléphone.

— Allô! ... Je voudrais communiquer avec le service de la Sûreté,[58] s'il vous plaît, mademoiselle. Une communication de la plus haute importance. C'est de la part du[59] prince Rénine.

Et se retournant vers Gaston Dutreuil: 10

— Je puis inviter quelqu'un ici, n'est-ce pas? Nous y serons tout à fait tranquilles?

— Mais certainement! ...

Il écouta de nouveau.

— Le secrétaire de M. le chef de la Sûreté? Ah! très bien, mon- 15 sieur le secrétaire; j'ai eu l'occasion[60] d'être en rapport[61] avec M. Dudouis, et de lui être fort utile plus d'une fois. Nul doute qu'il ne se souvienne du[62] prince Rénine. Aujourd'hui je pourrais lui indiquer l'endroit où se trouvent les soixante billets de mille francs volés par l'assassin Aubrieux à son cousin. Si ma proposition l'in- 20 téresse, qu'il veuille bien[63] m'envoyer un inspecteur au restaurant Lutetia, place des Ternes. J'y serai avec une dame et avec M. Dutreuil, l'ami d'Aubrieux. Je vous salue, monsieur le secrétaire.

Lorsque Rénine quitta le téléphone, il aperçut auprès de lui les visages étonnés d'Hortense et de Gaston Dutreuil. 25

Hortense murmura:

— Vous savez donc? Vous avez donc découvert?

56. on saurait tout
57. privé
58. bureau chargé de la direction générale de la police
59. au nom de
60. le moment favorable s'est présenté à moi
61. en relation
62. se rappelle le
63. je le prie de

— Rien du tout, dit-il en riant. J'agis[64] comme si je savais. C'est un moyen comme un autre.[65] Déjeunons, voulez-vous?

Il était alors midi trois quarts.

— Dans vingt minutes au plus, dit-il, l'inspecteur sera là.

5   — Et si personne ne vient? objecta Hortense.

— Cela m'étonnerait. Ah! si j'avais fait dire à M. Dudouis: Aubrieux est innocent, cela n'aurait eu aucun effet. La veille d'une exécution, allez donc dire à ces messieurs de la police ou de la justice qu'un condamné à mort est innocent! Non. Mais la perspective

10 de retrouver les soixante billets vaut la peine qu'on se dérange.[66] Pensez donc! c'est le point faible de l'accusation, ces billets qu'on n'a pas retrouvés.

— Mais puisque vous ne savez rien ...

— Chère amie, quand on ne peut pas expliquer un phénomène

15 naturel on adopte une hypothèse.

— Autant dire que vous supposez quelque chose?

Rénine ne répondit pas. Ce ne fut qu'un certain temps après, à la fin du déjeuner, qu'il reprit:

— Évidemment, je suppose quelque chose. Si j'avais plusieurs

20 jours devant moi, je prendrais la peine de vérifier d'abord cette hypothèse. Mais je n'ai que deux heures, et je m'engage sur la route inconnue comme si j'étais certain qu'elle me conduit à la vérité. Ah! voilà qu'on frappe.

Il ouvrit la porte.

25   — Je suis le prince Rénine. Vous venez, sans doute, de la part de M. Dudouis?

— Oui.

Et le nouveau venu se présenta:

— Inspecteur principal Morisseau.

64. Je fais
65. aussi bon qu'un autre
66. s'en occupe

IV

— Je vous remercie[67] de votre diligence, monsieur l'inspecteur principal, dit le prince Rénine, et je suis d'autant plus[68] heureux que M. Dudouis vous ait envoyé, que je connais vos états de service,[69] et que j'ai suivi avec admiration certaines de vos campagnes.

L'inspecteur s'inclina,[70] très flatté.   5

— M. Dudouis m'a mis à votre entière disposition, ainsi que deux inspecteurs que j'ai laissés sur la place, et qui, tous deux, se sont occupés de l'affaire avec moi, dès le début.

— Ce ne sera pas long, déclara Rénine, et je ne vous demande même pas de vous asseoir. Il faut que ce soit terminé en quelques   10
minutes. Vous savez de quoi il s'agit?

— Des soixante billets de mille francs volés à M. Guillaume, et dont voici les numéros.

Rénine examina la liste et affirma:

— C'est cela même. Nous sommes d'accord.[71]   15

L'inspecteur Morisseau parut très ému.[72]

— Le chef attache à votre découverte la plus grande importance. Ainsi vous pourriez m'indiquer?

Rénine garda le silence un instant, puis déclara:

— Monsieur l'inspecteur principal, j'ai appris qu'à son retour   20
de Suresnes, l'assassin, après avoir apporté la motocyclette dans le garage de l'avenue du Roule, est venu aux Ternes en toute hâte,[73] et qu'il est entré dans cette maison.

— Dans cette maison?

— Oui.   25

— Mais qu'y venait-il faire?

— Y cacher les soixante billets de mille.

---

67. dis merci
68. surtout
69. ce que vous avez fait dans votre profession
70. se pencha par respect
71. pensons de la même façon
72. touché
73. très vite

— Comment? Dans quel endroit?

— Dans un appartement au cinquième étage.

Gaston Dutreuil s'écria, stupéfait:[74]

— Mais au cinquième étage, il n'y a qu'un appartement, et c'est
5 moi qui l'habite.

— Justement,[75] et comme vous étiez au cinéma avec madame
Aubrieux et sa mère on a profité de votre absence ...

— Impossible, il n'y a que moi qui aie la clef.

— On entre sans clef.

10 — Mais je n'ai relevé[76] aucune trace ...

Morisseau interrompit:

— Voyons, expliquons-nous. Vous dites que les billets de banque
ont été cachés chez M. Dutreuil?

— Oui.

15 — Mais puisque Jacques Aubrieux a été arrêté le lendemain
matin, ces billets y seraient encore?

— C'est mon avis.

Gaston Dutreuil ne put s'empêcher de rire.

— Mais c'est absurde; je les aurais découverts.

20 — Les avez-vous cherchés?

— Non. Mais je serais fatalement tombé dessus.[77] L'appartement est grand comme la main. Voulez-vous le voir?

— Si petit qu'il soit, il est assez large pour contenir soixante
feuilles de papier.

25 — Évidemment, fit Dutreuil, évidemment, tout est possible. Cependant je dois vous répéter que personne, à mon avis, n'est entré
chez moi, qu'il n'y a qu'une clef, que je fais mon ménage moi-
même, et que je ne comprends pas très bien ...

Hortense non plus ne comprenait pas. Les yeux attachés à ceux
30 du prince Rénine, elle essayait de pénétrer au fond de sa pensée.

---

74. très surpris
75. Précisément
76. remarqué
77. je les aurais trouvés

Quel jeu jouait-il? Devait-elle l'appuyer[78] dans ses affirmations? Elle finit par dire:

— Monsieur l'inspecteur principal, puisque le prince Rénine prétend que les billets ont été déposés[79] là-haut, le plus simple n'est-il pas d'y aller voir? M. Dutreuil nous conduira, n'est-ce pas? 5

— Tout de suite, dit le jeune homme. C'est en effet[80] ce qu'il y a de plus simple.

Tous les quatre, ils montèrent les cinq étages, et Dutreuil ayant ouvert la porte, ils pénétrèrent dans un appartement fort petit, composé de deux chambres et de deux cabinets,[81] où tout semblait 10 rangé[82] dans un ordre parfait. On devinait[83] que les fauteuils, les chaises et même les pipes avaient leur place définitive. Sur une petite table devant la fenêtre, un carton à chapeau, rempli de papier de soie, attendait le chapeau que Dutreuil y déposa avec soin. Ensuite il posa ses gants près du chapeau. Il agissait en homme qui 15 se plaît à voir les choses dans la position et à la place qu'il a choisies pour elles. Aussi, dès que Rénine eut déplacé un objet, il fit un geste de protestation, reprit son chapeau, s'en couvrit, ouvrit la fenêtre et resta là, le dos tourné, comme s'il eût été incapable de supporter le spectacle de pareils sacrilèges. 20

— Vous affirmez, n'est-ce pas? ... demanda l'inspecteur à Rénine.

— Oui, oui, j'affirme qu'après le crime, les soixante billets ont été apportés ici.

— Cherchons.

C'était facile et ce fut vite fait. Au bout d'une demi-heure il ne 25 restait pas un coin qui n'eût été exploré.

— Rien, fit l'inspecteur Morisseau. Devons-nous continuer?

— Non, dit Rénine. Les billets n'y sont plus.

78. seconder
79. mis
80. vraiment
81. petites chambres à côté d'autres
82. mis
83. sentait par l'intuition

V

— Que voulez-vous dire?[84]

— Je veux dire qu'on les a enlevés.

— Qui? Précisez[85] votre accusation.

Rénine se tut. Mais Gaston Dutreuil éclata:[86]

5   — Monsieur l'inspecteur, voulez-vous que je la précise, moi, l'accusation? Tout cela signifie qu'il y a un malhonnête homme ici, que les billets cachés par l'assassin ont été découverts, volés par ce malhonnête homme, et déposés dans un autre endroit plus sûr. Voilà bien votre idée, n'est-ce pas, monsieur? Et c'est bien moi que
10   vous accusez de ce vol, n'est-ce pas?

Il avançait, se frappant la poitrine à grands coups.

Rénine ne répondait toujours pas. Dutreuil s'écria:

— Monsieur l'inspecteur, je proteste contre toute cette comédie, et contre le rôle que vous y jouez à votre insu.[87] Avant votre arrivée,
15   le prince Rénine nous a dit, à madame et à moi, qu'il ne savait rien, absolument rien. Il est trop facile de dire que j'ai volé les billets. Mais encore faudrait-il savoir s'ils étaient ici. Qui les avait apportés? Pourquoi l'assassin aurait-il choisi mon appartement pour les cacher? Tout cela est absurde et stupide. Des preuves,[88] monsieur!
20   ... une seule preuve!

L'inspecteur Morisseau paraissait perplexe. Il interrogeait Rénine du regard.

Celui-ci prononça:

— Puisque vous voulez des précisions, c'est madame Aubrieux
25   elle-même qui les donnera. Elle a le téléphone. Descendons. En une minute nous serons fixés.

— Comme vous voudrez, dit Dutreuil, mais que[89] de temps perdu!

84. Que signifie votre remarque?
85. Donnez des détails de
86. parla soudain
87. sans que vous le sachiez
88. ce qui montre la vérité d'une chose
89. combien

Il semblait fort irrité. La longue station à la fenêtre, sous un soleil brûlant, l'avait mis en sueur.[90] Il passa dans sa chambre et revint avec une carafe d'eau dont il but un peu, et qu'il reposa sur le bord de la fenêtre.

— Allons, dit-il.

5

Ils descendirent et gagnèrent le cabinet particulier où se trouvait le téléphone.

Ce fut la bonne qui répondit au téléphone. Elle déclara que Mme Aubrieux dormait.

— Appelez sa mère. De la part du prince Rénine. C'est urgent.

10

Les autres pouvaient entendre toutes ses paroles.[91]

— C'est vous, madame?

— Oui. Le prince Rénine, n'est-ce pas?

— Tout va bien. Vous êtes en droit d'[92] espérer. Pour l'instant je viens vous demander un renseignement[93] très grave. Le jour du

15

crime, Gaston Dutreuil est-il venu chez vous?

— Oui, après le déjeuner, il est venu nous chercher, ma fille et moi.

— Savait-il à ce moment-là que le cousin Guillaume avait 60.000 francs chez lui?

20

— Oui, je le lui ai dit.

— Et que Jacques Aubrieux, un peu souffrant,[94] ne ferait pas sa promenade ordinaire à motocyclette et resterait à dormir?

— Oui.

— Vous en êtes bien sûre, madame?

25

— Absolument certaine.

— Et vous avez été ensemble au cinéma, tous les trois?

— Oui.

— Et vous avez assisté à[95] la séance[96] l'un près de l'autre?

90. avait fait mouiller son corps comme quand il fait chaud
91. mots
92. Vous pouvez même
93. une information
94. malade
95. vous avez été présents à
96. réunion où l'on assiste à un concert, etc.

— Ah! non, il n'y avait pas de place libre pour lui. Il s'est installé plus loin.

— A un endroit où vous pouviez le voir?

— Non.

5   — Mais pendant l'entr'acte,[97] il est venu près de vous?

— Non, nous ne l'avons revu qu'à la sortie.[98]

— Aucun doute à ce sujet?[99]

— Aucun.

— C'est bien, madame, dans une heure je vous rendrai compte
10 de[100] mes efforts.

Alors il se retourna vers Dutreuil en riant:

— Eh! eh! jeune homme. Qu'en dites-vous?

Que signifiaient ces paroles? Le silence était lourd et pénible.[101]

— Monsieur l'inspecteur principal, vous avez du monde[102] sur
15 la place, n'est-ce pas?

— Deux brigadiers.[103]

— Il y aurait intérêt à les appeler.

Lorsque Morisseau fut de retour, Rénine ferma la porte, se
planta devant Dutreuil et dit d'un ton de bonne humeur:

20   — Somme toute,[104] jeune homme, de trois heures à cinq heures,
ce dimanche-là, ces dames ne vous ont pas vu. C'est un fait[105] assez
curieux.

— Un fait tout naturel et qui, du reste,[106] ne prouve rien du
tout.

25   — Qui prouve, jeune homme, que vous avez eu à votre disposition deux bonnes heures.

---

97. intervalle entre les actes d'une pièce de théâtre
98. endroit par où l'on sort
99. sur cela
100. je vous expliquerai
101. désagréable
102. des gens qui sont sous les ordres de quelqu'un
103. sous-officiers de gendarmes
104. Enfin; en résumé
105. une chose qui se fait; une chose certaine
106. d'ailleurs; de plus

— Évidemment, deux heures que j'ai passées au cinéma.

— Ou autre part.[107]

Dutreuil l'observa.

— Ou autre part?

— Oui, puisque vous étiez libre, vous avez eu tout le loisir[108] pour aller vous promener à votre gré[109] ... Du côté de[110] Suresnes, par exemple.

— Oh! oh! fit le jeune homme, riant à son tour, Suresnes, c'est bien loin.

— Tout près! N'aviez-vous pas la motocyclette de votre ami Jacques Aubrieux? Gaston Dutreuil, vous êtes la seule personne qui ait su ce jour-là deux choses essentielles: 1. que le cousin Guillaume avait 60.000 francs chez lui; 2. que Jacques Aubrieux ne devait pas sortir. Tout de suite le coup à faire vous apparut. La motocyclette était à votre disposition. Vous avez été à Suresnes. Vous avez tué le cousin Guillaume. Vous avez pris les soixante billets de banque et vous les avez portés chez vous. Et à 5 heures, vous retrouviez ces dames.

VI

Lorsque Rénine eut fini, Dutreuil se mit à rire.

— Une bonne farce ... C'est donc moi que les voisins ont vu aller et revenir à motocyclette?

— C'est vous, caché sous les vêtements de Jacques Aubrieux.

— Et ce sont les traces de mes doigts que l'on a relevées sur la bouteille dans l'office du cousin Guillaume?

— Cette bouteille fut débouchée par Jacques Aubrieux, au déjeuner, chez lui, et c'est vous qui l'avez portée là-bas comme pièce à conviction.[111]

— De plus en plus intéressant, s'écria Dutreuil, qui avait l'air de

107. en un autre endroit
108. temps libre
109. où (quand) vous vouliez
110. Dans la direction de
111. objet destiné à servir d'élément de preuve

s'amuser beaucoup. Alors, j'aurais tout arrangé pour que Jacques Aubrieux fût accusé du crime?

— C'était le plus sûr moyen de n'être pas accusé, vous.

— Oui, mais Jacques est mon ami d'enfance.

5 — Vous aimez sa femme.

Le jeune homme, devenu soudain furieux, s'écria:

— Quoi! une pareille infamie?

— J'en ai la preuve.

— Mensonge!

10 — Allons, Dutreuil, avouez.[112] Avouez donc pour sauver votre tête. Avouez. J'ai toutes les preuves!

Courbé sur lui, de toutes ses forces, il essayait de le faire avouer. Mais l'autre, avec une sorte de dédain,[113] prononça froidement:

— Vous êtes fou, monsieur. Pas un mot de ce que vous dites n'a

15 le sens commun. Toutes vos accusations sont fausses. Et les billets de banque, est-ce que vous les avez trouvés chez moi, comme vous l'affirmiez?

Rénine, exaspéré, riait pourtant, en homme sûr des événements.[114] Hortense, qui était près de lui, et qui pouvait lui parler

20 sans être entendue des autres, dit à voix basse:

— Vous le tenez, n'est-ce pas?

Il acquiesça de la tête.

— Si je le tiens! c'est-à-dire que je ne suis pas plus avancé qu'à la première minute.

25 — Mais c'est affreux![115] et vos preuves?

— Pas l'ombre d'une[116] preuve.

— Pourtant, vous êtes certain que c'est lui?

— Ce ne peut être que lui. J'ai eu l'intuition dès le début, et depuis je ne le quitte pas de l'œil.

30 — Et il aime Mme Aubrieux?

112. confessez
113. jugement qu'une personne ou une chose ne vaut rien
114. ce qui arrive
115. horrible
116. Pas même une faible (preuve)

— Logiquement, oui. Mais tout cela, ce sont des suppositions, ou bien des certitudes qui me sont personnelles.

Rénine, de quelques minutes, ne parla plus.

Enfin, il y eut du bruit dans le corridor, et le patron arriva en courant et en gesticulant.

— M. Dutreuil est encore là? M. Dutreuil, le feu dans votre appartement! C'est un passant qui a vu cela de la place.

Les yeux du jeune homme brillèrent. L'éclair[117] d'une demi-seconde, sa bouche grimaça un sourire que Rénine ne fut pas sans remarquer.

— Ah! bandit, s'écria-t-il, tu t'es trahi![118] C'est toi qui as mis le feu là-haut, et maintenant les billets brûlent.

Il lui barra le passage.

— Laissez-moi donc, cria Dutreuil. Il y a le feu et personne ne peut entrer. Tenez, voici la clef ... Laissez-moi passer.

Rénine lui arracha[119] la clef des mains en lui disant:

— Reste ici. Maintenant la partie est gagnée. Monsieur Morisseau, voulez-vous donner l'ordre au brigadier de ne pas le perdre de vue et de lui brûler la cervelle[120] s'il cherchait à filer.[121]

Il monta les marches[122] quatre à quatre, suivi d'Hortense et de l'inspecteur principal, qui, d'assez mauvaise humeur, protestait:

— Voyons, ce n'est pas lui qui a mis le feu, puisqu'il ne nous a pas quittés!

— Mais si! Il l'aura mis d'avance.

— Comment? je vous le demande. Comment?

— Est-ce que je sais! Ces choses-là arrivent juste au moment où l'on a besoin de brûler des papiers compromettants.

Rénine introduisit la clef dans la serrure[123] et ouvrit. Il vit presque tout de suite que le feu s'était éteint de lui-même.

117. moment rapide
118. tu t'es exposé
119. prit en tirant
120. le tuer d'un coup de feu tiré à la tête
121. s'en aller très vite
122. dans un escalier, endroits où l'on met les pieds pour monter
123. appareil qui sert à fermer une porte avec une clef

— Monsieur Morisseau, que personne n'entre avec nous, n'est-ce pas? Fermez la porte à clef, cela vaudra mieux.[124]

Il passa dans la pièce de devant, où il aperçut les meubles et les murs noircis par la fumée. Mais, en réalité, des papiers seuls s'étaient consumés au milieu de la pièce, devant la fenêtre.

Rénine se frappa le front.

— Quoi? fit l'inspecteur.

— Le carton à chapeau qui était sur la table! C'est là qu'il avait caché les papiers. C'est là qu'ils étaient tout à l'heure encore.

— Impossible!

— Eh oui, on oublie toujours la chose qui est trop en vue! Comment penser qu'un voleur laisse 60.000 francs dans un carton ouvert, où il dépose son chapeau en entrant? On n'y cherche pas ... Bien joué, monsieur Dutreuil!

L'inspecteur répéta:

— Non, non, impossible. Nous étions avec lui, il n'a pu mettre le feu lui-même.

VII

— Tout était préparé d'avance ... Le carton ... les papiers de soie ... les billets, tout cela devait être imprégné de quelque chose d'inflammable. Il y aura jeté, au moment de partir, une allumette!

— Mais nous l'aurions vu! Et pourquoi cette destruction inutile?

— Il a eu peur, monsieur Morisseau. N'oublions pas qu'il joue[125] sa tête. Tout plutôt que la guillotine; et ces billets, c'était la seule preuve que l'on pût avoir contre lui.

Morisseau était stupéfait.

— Comment! la seule preuve ...

— Évidemment!

— Mais vos preuves, vos charges?

— Du bluff.

Rénine se baissa pour regarder les cendres avec soin.

124. sera préférable
125. expose

— Rien, dit-il. C'est tout de même étrange! Comment s'y est-il pris[126] pour allumer le feu?

Il se releva et réfléchit, le regard attentif. Après un silence, il eut un sourire amusé et dit:

— Très fort, le Dutreuil. Cette façon de brûler les billets ... quelle invention! ... C'est un maître.

Il chercha un balai, et poussa une partie des cendres dans la pièce voisine. De cette pièce il rapporta un carton à chapeau de même grandeur et de même apparence que celui qui avait été brûlé, le posa sur la table après avoir remué les papiers de soie qui le remplissaient, et avec une allumette y mit le feu.

Il éteignit les flammes quand elles eurent consumé la moitié du carton et presque tous les papiers. D'une poche intérieure il tira des billets de banque, en prit six qu'il brûla presque entièrement et dont il arrangea les débris; puis il cacha le reste au fond du carton parmi les cendres et les papiers noircis.

— Monsieur Morisseau, dit-il enfin, je vous demande une dernière fois votre aide. Allez chercher Dutreuil. Dites-lui simplement ces mots: «Vous êtes démasqué, les billets n'ont pas pris feu. Suivez-moi,» et amenez-le ici.

Après quelque hésitation, l'inspecteur principal sortit.

Rénine se tourna vers la jeune femme.

— Vous comprenez mon plan de bataille?

— Oui, dit-elle. Mais Dutreuil, tombera-t-il dans le piège?[127]

— Ah! certes, toutes les chances ne sont pas contre lui. Il est bien plus fort que je ne le croyais. Cependant, comme il doit être inquiet!

Ils ne parlèrent plus. Hortense demeurait troublée jusqu'au plus profond d'elle-même. Il s'agissait de la vie d'un homme innocent. Une erreur de tactique, un peu de malchance et, douze heures plus tard, Jacques Aubrieux était exécuté. Elle éprouvait,[128] surtout,

126. Qu'est-ce qu'il a fait
127. la ruse
128. ressentait

une sensation de curiosité ardente. Qu'allait faire le prince Rénine?
Comment Gaston Dutreuil résisterait-il?

On entendit des pas. C'étaient des pas d'hommes qui courent. Le
bruit se rapprocha. Ils arrivaient au dernier étage. Rénine courut
5 vers la porte et cria:

— Vite! ... finissons-en!

Des inspecteurs et des garçons du restaurant entrèrent. Rénine
tira Dutreuil par le bras et lui dit sur un ton jovial:

— Bravo! mon vieux, pour le coup de la table et de la carafe;
10 admirable! Seulement, ça n'a pas réussi.

— Quoi! qu'est-ce qu'il y a? murmura le jeune homme, en pâlis-
sant.

— Oui, le feu n'a consumé qu'à moitié les papiers de soie et le
carton; il y a bien quelques billets de banque brûlés, mais les autres
15 sont là, au fond. Tu entends? les fameux billets ... la grande preuve
du crime ... ils sont là, où tu les avais cachés ... Tiens, regarde ...
voici les numéros ... tu peux les reconnaître ... Ah! tu es bien
perdu, jeune homme.

Le jeune homme semblait effrayé.[129] Il ne regarda pas, comme l'y
20 invitait Rénine, il n'examina ni le carton ni les billets. Du premier
coup, sans prendre le temps de la réflexion, il tomba dans le piège
et se laissa tomber sur une chaise en pleurant.

L'attaque de Rénine avait réussi. Le misérable n'avait plus la
force de se défendre. Il abandonnait la partie.

25 Rénine ne le laissa pas respirer.

— Ah! tu sauves ta tête, tout simplement, mon petit. Écris donc
ta confession. Tiens, voilà un stylo ... Ah! tu n'as pas eu de chance!
C'était pourtant fort bien imaginé. Vous posez sur le bord de la
fenêtre une grosse carafe. Le cristal formera lentille[130] et enverra
30 les rayons du soleil sur le carton et sur les papiers de soie déjà pré-
parés. Dix minutes après, cela brûle. Invention admirable. Mes

129. terrifié
130. morceau de verre optique

compliments, Gaston. Tiens, voilà une feuille de papier. Écris:
«C'est moi l'assassin de M. Guillaume.» Écris donc, misérable!

A bout de forces, Dutreuil céda. Il écrivit. Sur la demande de
Rénine les garçons du restaurant servirent de témoins.[131] Dans la
rue, le prince Rénine pria Hortense d'aller chez Madeleine Au- 5
brieux et de lui dire ce qui s'était passé.[132]

MAURICE LEBLANC[133]
(Les Huit Coups de l'Horloge,
© *Pierre Lafitte*)

EXPRESSIONS IDIOMATIQUES

*Employez chacune des expressions suivantes dans une phrase qui
en fera bien comprendre le sens:*

1. avoir lieu.   2. s'agir de.   3. venir au-devant de.   4. avoir
congé.   5. avoir besoin de.   6. être d'accord.   7. à mon avis.
8. vouloir dire.   9. à votre insu.   10. assister à.   11. à votre
gré.   12. se mettre à.   13. avoir de la chance.   14. se passer.

131. personnes qui ont vu ou entendu quelque chose et qui peuvent le certifier
132. était arrivé
133. auteur de romans policiers: 1864-1941

3

Les Pêches[1]

UN JOUR, en passant sur le boulevard, je rencontrai Vital Herbelot, un ami d'enfance que je n'avais pas vu depuis vingt-cinq ans. Nous avions été au collège[2] ensemble. Nos études finies, je savais qu'il était entré dans les bureaux d'une importante maison d'af-
5 faires où j'avais appris par des amis que son avenir[3] était assuré.

— Eh bien! lui dis-je, comment vont les affaires? Tu es toujours dans la même maison?

— Non, mon ami, je suis simplement fermier.

— Fermier! Toi qui avais un avenir si brillant dans les affaires,
10 comment cela est-il arrivé?

— Mon cher, répondit-il en riant, les grands effets[4] sont souvent produits par les causes les plus simples. J'ai quitté les affaires pour deux pêches.

— Deux pêches?

15 — Ni plus ni moins. Mais entrons dans ce café. Voici une table de libre[5] et, tout en prenant le café, je te raconterai mon histoire.

---

1. fruits cultivés
2. école secondaire
3. ce qui arrivera
4. conséquences; résultats
5. pas occupée

Nous nous installons et mon ami commence:

— Tu sais que mon père, vieil employé, avait rêvé pour moi une carrière[6] dans les bureaux. J'acceptai cette décision parce que je n'avais de préférence personnelle pour aucune profession. J'étais un garçon travailleur, poli, élevé dans le respect de mes supérieurs. [5] Mon directeur m'avait pris en affection et il m'attacha à son service comme secrétaire privé. Tous mes camarades parlaient de ma bonne chance.

C'est alors qu'à vingt-cinq ans je me mariai avec une jeune fille très jolie, très bonne, mais sans fortune. [10]

Mon directeur était riche. Il avait une belle maison et il recevait souvent. Il donnait de magnifiques dîners, et de temps en temps[7] invitait à un grand bal les familles des employés supérieurs et des personnes les plus importantes de la ville.

Un soir que mon directeur donnait le bal le plus important de [15] la saison, ma femme était malade et ne pouvait pas m'accompagner. J'aurais bien voulu rester à la maison pour lui tenir compagnie,[8] mais mon directeur ne permettait pas aux employés de refuser ses invitations et je n'osai pas m'absenter.

A l'heure du départ, ma femme me fait beaucoup de recomman- [20] dations.

— Ce sera très beau, me dit-elle. N'oublie pas de bien regarder, pour me raconter tout en détail: les noms des dames qui seront au bal, leurs toilettes[9] et le menu du souper,[10] car[11] il y aura un souper. Il paraît qu'il y aura beaucoup de bonnes choses; on parle de pêches [25] qui ont coûté trois francs pièce[12] ... Oh! ces pêches! ... Sais-tu? Tu serais bien aimable de m'en rapporter une!

J'essaie de lui faire comprendre que la chose était bien difficile

6. profession
7. quelquefois
8. être avec elle
9. costumes féminins
10. repas de nuit après une soirée
11. *conjonction qui introduit une explication*
12. chacune

et qu'un monsieur en habit de soirée ne pouvait pas mettre une grosse pêche dans sa poche sans être vu. Elle insiste.

— Mais c'est très simple, au contraire! Il y aura tant de monde que personne ne te remarquera. Tu en prendras une, une seule, et
5 tu trouveras bien moyen de la cacher. Écoute, promets-moi.

Comment refuser à une femme qu'on aime? Je fais signe que oui[13] et je sors vite. Au moment où j'ouvre la porte de la rue, elle me rappelle. Ses grands yeux bleus se tournent vers moi, elle me répète:
10 — Tu me le promets?

Un très beau bal: de belles dames, des toilettes splendides, des fleurs partout, un orchestre excellent. Les personnes les plus importantes de la ville étaient là.

Mon directeur avait bien fait les choses. A minuit, on servit le
15 souper, et les invités passèrent dans la salle à manger.

J'y entrai. Au milieu de la table, j'aperçus les fameuses pêches envoyées de Paris. Elles étaient magnifiques. Elles excitaient l'admiration générale. Que ma femme serait heureuse d'en avoir une ou deux! Plus[14] je les regardais, plus mon désir devenait une obses-
20 sion. Je décidai d'en prendre une ou deux. Mais comment? Les domestiques faisaient bonne garde autour de[15] ces fruits si rares et si chers. Le directeur offrait lui-même les pêches à certains invités d'importance. De temps en temps, sur un signe de son maître, un domestique prenait une pêche, la coupait en deux et la présentait à
25 la personne choisie. Il en restait encore cinq ou six quand l'orchestre recommença à jouer et rappela les danseurs dans le salon.[16]

Je sortis avec les autres invités, mais je rentrai aussitôt sous prétexte de reprendre mon chapeau que j'avais laissé dans un coin. Les domestiques étaient sortis. J'étais seul près de la table. Il n'y avait
30 pas une minute à perdre. Je regardai à droite et à gauche, puis je

13. Je fais une affirmation silencieuse
14. A mesure que
15. gardaient bien
16. la pièce où l'on reçoit les visiteurs

pris deux pêches et les mis vite dans mon chapeau. Alors, très calme en apparence, très digne,[17] je quittai la salle à manger en tenant le chapeau contre ma poitrine.

Mon plan était de traverser le salon, de sortir sans être vu, puis de rapporter à la maison les deux pêches.

La chose était plus difficile que je n'[18] avais pensé. On allait commencer une danse qui consistait à placer une danseuse au centre d'un cercle formé par les autres danseurs. La danseuse au centre choisissait un danseur en lui mettant un chapeau sur la tête.

Au moment où j'arrivai près de la porte de sortie, la fille de mon directeur se trouvait au centre du cercle. Elle avait besoin d'un chapeau.

— Un chapeau! Qui a un chapeau?

En même temps, elle m'aperçut tenant mon chapeau contre ma poitrine.

— Ah! me dit-elle, vous arrivez au bon moment, monsieur Herbelot ... Vite, votre chapeau!

Et, sans attendre ma réponse, elle prit mon chapeau si brusquement que les pêches tombèrent par terre.[19] Tout le monde sourit. La jeune fille me rendit mon chapeau en disant d'une voix ironique:

— Monsieur Herbelot, ramassez donc[20] vos pêches!

Alors tout le monde éclata de rire.

Pâle, hagard, je sortis.

Le lendemain l'histoire courait la ville. Quand j'entrai dans le bureau, mes camarades crièrent: «Herbelot, ramassez donc vos pêches!» Dans la rue j'entendais souvent derrière moi une voix qui disait: «C'est le monsieur aux pêches!» Huit jours après je quittai le bureau; j'allai à la campagne chez un oncle qui avait une assez grande ferme. Il me prit pour y travailler avec lui. A sa mort, il me

17. grave
18. *mot qui semble superflu mais qui renforce la phrase*
19. sur le sol; sur le plancher
20. *donne plus d'énergie au verbe* ramasser

laissa la ferme. Maintenant je suis fermier ... Je suis heureux; j'ai planté beaucoup de pêchers; je cultive les pêches, parce que c'est à ces fruits que je dois le bonheur[21] de vivre à la campagne.

ANDRÉ THEURIET[22]
(Contes pour les Jeunes et les Vieux,
© *Alphonse Lemerre*)

EXPRESSIONS IDIOMATIQUES

Employez chacune des expressions suivantes dans une phrase qui en fera bien comprendre le sens:

1. faire bonne garde.   2. par terre.   3. éclater de rire.   4. tenir compagnie à quelqu'un.

---

21. état de celui est heureux
22. 1833-1907

4

Le Sapeur[1] Dumont

IL ÉTAIT dix heures du soir lorsque j'arrivai à l'usine en compagnie de nos amis. Un vaste bâtiment,[2] percé de larges baies,[3] brûlait dans les trois quarts de sa longueur. Le feu sortait par presque toutes les fenêtres; une épaisse fumée traversait la toiture[4] de tuiles,[5] et parfois une flamme se faisait jour[6] au milieu des tourbillons[7] noirs. Sur[8] cinq pompes, dont trois appartenaient à la ville et deux à la fabrique,[9] une seule était là, dirigée[10] sur le coin de la maison qui ne flambait pas[11] encore. Une foule[12] d'environ deux mille personnes où l'on reconnaissait, au premier rang,[13] le groupe

5

1. sapeur-pompier; pompier; homme qui combat les feux
2. sorte d'édifice
3. ouvertures de porte ou de fenêtre
4. le toit
5. morceaux de terre cuite qui servent à couvrir les toits
6. se coupait un passage
7. masses d'air ou de fumée qui font des révolutions rapides
8. De (*ce nombre*)
9. l'usine
10. conduite dans une certaine direction
11. ne jetait pas de flammes
12. Un grand nombre de gens
13. personnes en ligne à côté les unes des autres

des autorités, sous-préfet,[14] maire,[15] sergents de ville[16] et gendarmes,[17] regardait avec anxiété cet angle du premier étage que la flamme avait respecté.

Tout à coup, un grand cri s'éleva sur la place, et je ne vis plus
5 rien que mon père penché vers nous et portant une forme humaine entre les bras. Des hommes de bonne volonté[18] coururent à une échelle que je n'avais pas aperçue et qu'il touchait pourtant[19] du pied. Le corps fut descendu de mains en mains et porté à travers[20] la foule dans la direction de l'hôpital, tandis que[21] mon père faisait
10 un signe à ses camarades, recevait un énorme jet d'eau sur tout le corps et se replongeait tranquillement dans la fumée.

Il reparut au bout d'une minute, et cette fois en apportant une femme qui criait. Un immense applaudissement salua son retour, et j'entendis: «Vive[22] Dumont!» pour la première fois de ma vie.
15 Il faisait horriblement chaud: le rayonnement[23] de cet énorme foyer[24] allumait de tous côtés une multitude de petits incendies[25] que les pompes éteignaient à mesure.[26] A la place où je me tenais, tous les visages ruisselaient[27] de sueur[28] et tous les yeux se sentaient brûlés; mais personne ne se fût éloigné[29] pour un empire, tant l'in
20 térêt du drame était poignant.[30]

14. fonctionnaire chargé de l'administration d'un arrondissement
15. celui qui est à la tête d'une commune (ville ou village)
16. agents de police
17. soldats qui sont chargés de la police à la campagne
18. bonne disposition
19. cependant; quand même
20. par le milieu de
21. *conjonction qui sert surtout à marquer qu'une action est différente d'une autre*
22. *formule d'acclamation par laquelle on exprime un désir de longue vie pour quelqu'un*
23. l'ensemble des rayons du feu
24. endroit où un feu est le plus violent
25. feux
26. à proportion et en même temps
27. se dit des corps sur lesquels coule un liquide
28. liquide qui mouille le corps quand on a chaud
29. ne serait parti
30. qui cause une impression triste et pénétrante

Mon père se montra de nouveau à la fenêtre ouverte: il tenait cette fois deux enfants évanouis.[31] C'était la fin; on savait dans la fabrique et dans la ville que le chef d'atelier était le seul habitant de cette maison et que sa petite famille ne comptait pas plus de quatre personnes. 5

Il y eut donc une protestation générale lorsqu'on vit que le sauveteur[32] allait rentrer dans la fournaise.[33] De tous côtés on lui criait: «Assez! Descendez! Dumont!»

Moi-même, entraîné[34] par l'exemple, je l'appelai de toutes mes forces: «Papa!» Il entendit, me reconnut, et dessina du bout des 10 doigts un geste que je sentis comme une caresse. A ce moment, le capitaine, M. Mathey, qui dirigeait la manœuvre des pompes, s'avança jusqu'au bas de l'échelle et dit de sa voix de commandement:

«Sapeur Dumont, je vous ordonne de descendre.» 15

Il répondit: «Capitaine, le devoir m'ordonne de rester.

— Il n'y a plus personne là-haut.

— Il y a un homme par terre, au fond du couloir.[35]

— C'est impossible.

— Je l'ai vu de mes yeux. 20

— Encore une fois, descendez! Le feu gagne.

— Raison de plus pour me hâter!»[36]

A peine avait-il dit ces mots, à peine le son de sa voix s'était-il éteint dans mon oreille, que le feu jaillit[37] par toutes les ouvertures de la maison, la toiture s'effondra[38] avec un bruit épouvantable,[39] 25 et tout l'espace compris entre les quatre murs du bâtiment ne fut plus qu'une colonne de flammes.

31. qui avaient perdu la capacité de savoir ce qui se passait
32. homme qui sauve la vie d'une autre personne
33. endroit où l'on a très chaud
34. poussé à faire quelque chose
35. corridor
36. aller plus vite
37. sortit avec force
38. tomba en ruines
39. terrible

La foule ne poussa pas un cri devant cette maison qui était devenue une tombe.

EDMOND ABOUT[40]
(Le Roman d'un Brave Homme)

EXPRESSIONS IDIOMATIQUES

Employez chacune des expressions suivantes dans une phrase qui en fera bien comprendre le sens:

1. à travers.   2. faire chaud (hier; aujourd'hui; demain).   3. de nouveau.   4. il y a (*imparfait; futur; passé composé*).   5. à peine.

40. 1828-1885

5

Le Petit Prince (extrait)

LA CINQUIÈME planète était très curieuse. C'était la plus petite de toutes. Il y avait là juste assez de place pour loger[1] un réverbère[2] et un allumeur de réverbères. Le petit prince ne parvenait pas[3] à s'expliquer à quoi pouvaient servir, quelque part dans le ciel, sur une planète sans maison ni population, un réverbère et un allu- 5
meur de réverbères. Cependant il se dit en lui-même:

— Peut-être bien que cet homme est absurde. Cependant il est moins absurde que le roi, que le vaniteux, que le businessman et que le buveur.[4] Au moins son travail a-t-il un sens. Quand il allume son réverbère, c'est comme s'il faisait naître[5] une étoile de plus, ou 10
une fleur. Quand il éteint son réverbère, ça endort la fleur ou l'étoile. C'est une occupation très jolie. C'est véritablement utile puisque c'est joli.

Lorsqu'il aborda[6] la planète il salua respectueusement l'allumeur: 15

1. installer
2. une lanterne pour éclairer les rues
3. ne réussissait pas
4. personne qui boit beaucoup
5. venir au monde (univers)
6. arriva à

37

— Bonjour. Pourquoi viens-tu d'éteindre ton réverbère?

— C'est la consigne,[7] répondit l'allumeur. Bonjour.

— Qu'est-ce que la consigne?

— C'est d'éteindre mon réverbère. Bonsoir.

5 Et il le ralluma.

— Mais pourquoi viens-tu de le rallumer?

— C'est la consigne, répondit l'allumeur.

— Je ne comprends pas, dit le petit prince.

— Il n'y a rien à comprendre, dit l'allumeur. La consigne c'est
10 la consigne. Bonjour.

Et il éteignit son réverbère.

Puis il s'épongea le front avec un mouchoir à carreaux[8] rouges.

— Je fais là un métier[9] terrible. C'était raisonnable autrefois.
J'éteignais le matin et j'allumais le soir. J'avais le reste du jour pour
15 me reposer, et le reste de la nuit pour dormir ...

— Et, depuis cette époque, la consigne a changé?

— La consigne n'a pas changé, dit l'allumeur. C'est bien là le
drame! La planète d'année en année a tourné de plus en plus vite,
et la consigne n'a pas changé!

20 — Alors? dit le petit prince.

— Alors maintenant qu'elle fait un tour par minute, je n'ai plus
une seconde de repos. J'allume et j'éteins une fois par minute!

— Ça, c'est drôle! Les jours chez toi durent[10] une minute!

— Ce n'est pas drôle du tout, dit l'allumeur. Ça fait déjà un
25 mois que nous parlons ensemble.

— Un mois?

— Oui. Trente minutes. Trente jours! Bonsoir.

Et il ralluma son réverbère.

Le petit prince le regarda et il aima cet allumeur qui était telle-

---

7. les instructions; les ordres
8. dessins de forme carrée
9. une profession
10. existent dans le temps; se prolongent

ment[11] fidèle à la consigne. Il se souvint des couchers de soleil que lui-même allait autrefois chercher, en tirant sa chaise. Il voulut aider son ami:

— Tu sais ... je connais un moyen de te reposer quand tu voudras ...

— Je veux toujours, dit l'allumeur.

Car on peut être, à la fois[12] fidèle et paresseux.[13]

Le petit prince poursuivit:

— Ta planète est tellement petite que tu en fais le tour en trois enjambées.[14] Tu n'as qu'à marcher assez lentement pour rester toujours au soleil. Quand tu voudras te reposer tu marcheras ... et le jour durera aussi longtemps que tu voudras.

— Ça ne m'avance pas à grand'chose,[15] dit l'allumeur. Ce que j'aime dans la vie, c'est dormir.

— Ce n'est pas de chance,[16] dit le petit prince.

— Ce n'est pas de chance, dit l'allumeur. Bonjour.

Et il éteignit son réverbère.

— Celui-là, se dit le petit prince, tandis qu'il poursuivait plus loin son voyage, celui-là serait méprisé[17] par tous les autres, par le roi, par le vaniteux, par le buveur, par le businessman. Cependant, c'est le seul qui ne me paraisse pas ridicule. C'est, peut-être, parce qu'il s'occupe d'autre chose que de soi-même.

Il eut un soupir[18] de regret et se dit encore:

— Celui-là est le seul dont j'eusse pu[19] faire mon ami. Mais sa planète est vraiment trop petite. Il n'y a pas de place pour deux ...

Ce que le petit prince n'osait pas s'avouer, c'est qu'il regrettait

11. si
12. en même temps
13. qui n'aime pas le travail
14. grands pas
15. Cela m'aide très peu
16. C'est regrettable
17. mal jugé
18. une respiration forte et prolongée causée par la douleur ou l'émotion
19. j'aurais pu

cette planète bénie[20] à cause, surtout, des mille quatre cent quarante couchers de soleil par vingt-quatre heures!

ANTOINE DE SAINT-EXUPÉRY[21]
(*Antoine de Saint-Exupéry,*
Le Petit Prince,
©*Éditions Gallimard*)

EXPRESSIONS IDIOMATIQUES

Employez chacune des expressions suivantes dans une phrase qui en fera bien comprendre le sens:

1. parvenir à (*plus l'infinitif*).   2. à quoi servir.   3. se souvenir de.   4. faire le tour de.   5. avoir un soupir.   6. à cause de.

---

20. glorifiée
21. auteur et aviateur: 1900-1944

6

Deux Méthodes (extrait)

UN FRANÇAIS qui étudie la structure de l'enseignement[1] aux États-Unis est d'abord stupéfait. Il voit des universités innombrables,[2] en apparence riches et confortables; il constate[3] que 30 pourcent de la population reçoit une éducation supérieure et on lui dit que ce sera bientôt 50 pour-cent. Mais lorsqu'il demande quels sont 5 les programmes de ces collèges et universités, on lui répond: «De quel collège? De quelle université?» Il découvre[4] alors que beaucoup de ces établissements[5] d'enseignement supérieur sont des institutions privées, administrées tantôt par des *trustees,* tantôt par des églises, et que les autres dépendent des différents États de 10 l'Union. Il apprend que les programmes varient suivant les lieux; qu'en beaucoup de collèges l'étudiant choisit lui-même, dans un vaste catalogue, comme il ferait son menu dans une cafétéria, les cours qu'il veut suivre; qu'un diplôme de Docteur n'a pas la même valeur[6] s'il est donné par une université médiocre que s'il a été 15

1. action d'apprendre quelque chose à d'autres; instruction
2. très nombreuses
3. remarque
4. trouve
5. institutions d'utilité publique
6. ce que vaut une chose ou une personne

conféré par une de celles qui sont renommées pour le niveau[7] de leurs études.

— Mais comment est-il possible? dit-il. Le ministère de l'Éducation, à Washington, ne fixe-t-il pas les programmes des cours et
5 des examens?

Quand son interlocuteur[8] explique alors que Washington ne s'occupe de l'éducation que pour des questions de statistique, et que le gouvernement fédéral, s'il accorde des subventions,[9] le fait par l'intermédiaire des États, sans imposer aucun programme,
10 l'étonnement du Français augmente. Il est accoutumé, dans son pays, à une totale centralisation. La Révolution française,[10] puis Napoléon,[11] ont fait de l'Université de France et de ces trois enseignements: primaire, secondaire et supérieur, une administration unique que dirige le ministre de l'Éducation nationale. L'idéal de
15 Napoléon aurait été que tous les jeunes Français fissent, à la même heure, la même version[12] latine et le même problème de géométrie. La centralisation, en 1961, n'est pas tout à fait aussi rigide que l'Empereur le souhaitait,[13] mais l'unité des programmes est absolue.

Qu'un[14] étudiant soit bachelier[15] de Paris ou de Caen, de Greno-
20 ble ou d'Aix,[16] il sait les mêmes choses et son diplôme a la même valeur. Tous les ans, a lieu, à Paris et dans tous les départements, un Concours[17] général des lycées et collèges où les meilleurs élèves de chaque établissement traitent, dans toute la France, les mêmes sujets de composition française, de philosophie, de mathématiques,

---

7. degré de qualité
8. personne qui cause avec une autre
9. sommes que l'État accorde à une entreprise ou à un établissement privé
10. 1789-1799
11. 1769-1821; empereur des Français de 1804 à 1814
12. traduction d'une langue étrangère en sa langue maternelle
13. désirait
14. Si un
15. titre et premier grade universitaire de celui qui a passé avec succès le baccalauréat (*série d'examens à la fin des études secondaires*)
16. villes respectivement en Normandie, au Dauphiné, et en Provence
17. une compétition entre des candidats

d'histoire, de latin, de grec, de langues vivantes. Ce jour-là, le rêve[18] de Napoléon est réalisé et il arrive que tel[19] lycée de petite ville soit classé avant Paris.

L'unité française vaut-elle mieux que la variété américaine? La méthode française a l'avantage d'imposer à tous une culture de base, faute de[20] laquelle il serait impossible en France de passer le baccalauréat, qui seul ouvre la porte de l'enseignement supérieur. Mais je reconnais que cette méthode est inapplicable aux États-Unis. Imposer au Mississippi le même type d'université qu'au Massachusetts serait absurde; il y a trop de différences entre les populations, les traditions et les besoins. L'Amérique est un continent.

D'autre part, il est difficile de comparer le système américain, qui a pour but[21] de donner la même éducation à tous les enfants, au système français qui exige, à la fin de chaque enseignement, que l'élève passe un examen pour avoir le droit d'aller plus loin. L'enseignement secondaire se trouve ainsi, en France, réservé aux meilleurs élèves. Quant à l'enseignement supérieur, il n'est suivi que par une petite élite intellectuelle, se préparant aux grandes écoles ou aux professions libérales (enseignement, médecine, droit, etc.). Ce qui, en Amérique, correspond aux universités françaises, ce sont bien plutôt les *graduate schools*. Les deux premières années des universités américaines ressemblent à ce que sont en France les deux dernières années de l'enseignement secondaire.

Seconde différence profonde: en Amérique, où l'éducation est résolument démocratique, tous les élèves, quelles que[22] soient leurs intelligences, sont traités à peu près de la même manière. J'ai entendu des maîtres américains dire: «Il faut se garder de[23] favoriser de manière trop visible les esprits les plus rapides; on donnerait aux autres un complexe d'infériorité.» L'idéal secret serait que le dernier

---

18. ce que l'on désire vivement
19. un certain
20. sans
21. fin que l'on se propose d'atteindre
22. *marque une supposition ou une concession*
23. faire attention à ne pas

se sentît l'égal[24] du premier. A la rigueur,[25] dans des cas extrêmes, on fait redoubler une classe par un cancre,[26] mais à regret, car c'est risquer que, se voyant plus âgé que ses camarades, il se sente humilié. Alors, pour faciliter la vie scolaire de l'élève peu doué,[27] on
5 accorde une valeur scolaire à des activités qui n'ont rien de proprement éducatif; on donne des «crédits» pour la danse, l'athlétisme, la pêche[28] ou tout autre enseignement fantaisiste que suggérera le *local board*.

En France les années de lycée sont une constante épreuve[29] de
10 force. Chaque semaine, des compositions obligent le professeur à classer ses élèves. Il y a, pour chaque matière[30] (composition française, histoire, mathématiques) un premier et un dernier. A la fin de la classe, un examen de passage arrête les élèves insuffisants. Le baccalauréat, qu'il faut affronter[31] avant l'entrée à l'université, est
15 un examen difficile qui élimine de 40 à 70 pour-cent des concurrents.[32] Après cet examen, pour ceux qui veulent continuer leurs études, commence le temps des concours. L'accès à tous les postes importants du pays est commandé par quelques grandes écoles. L'École Polytechnique et l'École Centrale ressemblent un peu à
20 M.I.T. ou à Cal. Tech. Ces écoles (et quelques autres) forment des ingénieurs qui, pendant toute la vie, se soutiendront les uns les autres. On appelle les élèves de l'École Polytechnique les X (parce qu'ils sont mathématiciens). Si un X est chef d'une grande affaire, tenez pour certain que vous le trouverez entouré, à tous les éche-
25 lons[33] de la direction,[34] d'autres X. L'École Normale Supérieure,

24. ce qui est tout à fait pareil en nature et en qualité
25. En supposant les choses au plus mal
26. élève paresseux
27. qui a très peu d'aptitude
28. action de prendre des poissons dans l'eau
29. essai
30. sujet
31. braver
32. compétiteurs
33. degrés successifs d'une série
34. administration

elle, est destinée à former des professeurs de lettres et de sciences: elle a un immense prestige; des ministres, de grands écrivains, les plus célèbres critiques en sont sortis. L'École d'Administration pré- pare de grands fonctionnaires: ambassadeurs, préfets,[35] inspecteurs des Finances.   5

Bref,[36] toute la première partie de la vie d'un Français ambitieux est une course d'obstacles, très dure, dont les barrières successives sont des concours. Le bon côté de ce système, c'est que tous ceux qui occupent des postes importants ont reçu une assez forte culture; l'inconvénient, c'est que l'homme qui passe brillamment les exa- 10 mens et concours, ne sera pas toujours le meilleur dans l'action.

ANDRÉ MAUROIS[37]
(*Courtesy of André Maurois*)

EXPRESSIONS IDIOMATIQUES

Employez chacune des expressions suivantes dans une phrase qui en fera bien comprendre le sens:

1. faire son menu.   2. suivre des cours.   3. tout à fait.   4. il arrive que.   5. valoir mieux.   6. faute de.   7. à peu près. 8. à la rigueur.   9. à regret.

---

35. fonctionnaires chargés de l'administration d'un département
36. En peu de mots
37. 1885-

7

Le Corbeau[1] et le Renard[2]

MAÎTRE corbeau, sur un arbre perché
    Tenait en son bec un fromage.
Maître renard, par l'odeur alléché[3]
    Lui tint à peu près ce langage:[4]

5
    «Hé![5] bonjour, Monsieur du Corbeau,
Que vous êtes joli! que vous me semblez beau!
    Sans mentir, si votre ramage[6]
    Se rapporte à[7] votre plumage,
Vous êtes le phénix[8] des hôtes[9] de ces bois.»

10
A ces mots le corbeau ne se sent pas de joie;[10]
    Et, pour montrer sa belle voix,
Il ouvre un large bec, laisse tomber sa proie.[11]

1. grand oiseau noir
2. animal sauvage qui ressemble à un chien et qui mange des poules
3. attiré
4. parla de cette façon
5. *interjection qui sert à appeler*
6. chant d'oiseau
7. est de la même qualité que
8. oiseau fabuleux, supérieur
9. habitants
10. est transporté de joie
11. ce que les animaux prennent de force pour manger

Le renard s'en saisit, et dit: «Mon bon Monsieur,
Apprenez que tout flatteur
Vit aux dépens[12] de celui qui l'écoute:
Cette leçon vaut bien un fromage, sans doute.»
Le corbeau, honteux[13] et confus,   5
Jura, mais un peu tard, qu'on ne l'y prendrait[14] plus.

JEAN DE LA FONTAINE[15]

12. Profite
13. qui a le sentiment d'avoir mal fait
14. tromperait
15. fabuliste: 1621-1695

8

La Cigale[1] et la Fourmi[2]

LA CIGALE, ayant chanté
Tout l'été,
Se trouva fort dépourvue[3]
Quand la bise[4] fut venue:
5   Pas un seul petit morceau
De mouche ou de vermisseau.[5]
Elle alla crier famine
Chez la fourmi sa voisine,
La priant de lui prêter
10   Quelque grain pour subsister
Jusqu'à la saison nouvelle.
«Je vous paierai, lui dit-elle,
Avant l'oût,[6] foi[7] d'animal,
Intérêt et principal.»

1. insecte des pays chauds qui fait un cri strident
2. petit insecte qui vit sous la terre
3. qui n'a pas ce qui est nécessaire
4. le vent du nord
5. petit ver de terre (un petit animal qui a un corps rond et long, sans pattes)
6. août
7. en toute sincérité

La fourmi n'est pas prêteuse:
C'est là son moindre défaut.[8]
«Que faisiez-vous au temps chaud?
Dit-elle à cette emprunteuse.[9]
— Nuit et jour à tout venant[10]
Je chantais, ne vous déplaise.[11]
— Vous chantiez! j'en suis fort aise.[12]
Eh bien! dansez maintenant.»

JEAN DE LA FONTAINE

5

8. faute; imperfection
9. celle qui se fait prêter quelque chose
10. au premier venu
11. si vous n'avez pas d'objection
12. très contente

9

La Fontaine chez les Voleurs

VERS minuit, Jean de La Fontaine sortait d'une maison de la rue Saint-Jacques, où il avait soupé avec quelques amis. Il portait une lanterne, car la nuit était sombre, et la ville n'avait point encore de réverbères. Mais, comme il passait sur le pont Notre-Dame pour
5 regagner son logis, un coup de vent souffla[1] le lumignon,[2] que Jean ne put rallumer, ayant oublié son briquet.[3]

Il vit alors un homme qui marchait devant lui en tenant à la main une chandelle de résine,[4] et dont une longue rapière[5] relevait la cape à l'espagnole.[6] La Fontaine se mit à le suivre pour profiter
10 de l'éclairage. Mais, au moment où ils arrivaient, l'un devant l'autre, au tournant du quai, l'homme tira de sa poche un éteignoir à cierges,[7] avec quoi il éteignit son oribus,[8] se jeta au collet[9] de La

1. éteignit
2. la petite lumière
3. appareil servant à produire du feu
4. substance combustible et visqueuse produite par le pin
5. épée fine et longue
6. à la mode des habitants de l'Espagne
7. petit appareil qui sert à éteindre les chandelles
8. sa chandelle
9. col; cou

Fontaine, et lui demanda poliment, mais avec fermeté,[10] la bourse[11] ou la vie, «pour se payer, disait-il, de la peine qu'il avait prise de le conduire.»

— Monsieur, lui dit Jean, je préférerais ne vous donner ni l'une ni l'autre; mais, puisque vous me laissez du moins le choix,[12] j'aime 5
mieux vous donner ma bourse.

Il fouilla[13] longuement dans ses chausses[14] et n'y trouva rien.

— Monsieur, reprit-il, cela est fâcheux,[15] mais j'ai oublié ma bourse, ainsi que vous pouvez vous en rendre compte.[16] Il ne me reste donc à vous offrir que ma vie; mais que ferez-vous de la vie 10
d'un pauvre poète?

— Ah! monsieur est poète? dit le voleur d'un air d'intérêt.

— Ou du moins j'y tâche,[17] répondit Jean. Mais je me suis aperçu, en explorant mes chausses que j'avais oublié la clef de mon logis en même temps que ma bourse et mon briquet. Si bien que me 15
voilà forcé de passer la nuit à la belle étoile;[18] ce qui n'est qu'une façon de parler, car je ne vois non plus d'étoiles au ciel que d'écus[19] dans ma poche. A moins que[20] je ne trouve quelque taverne encore ouverte à cette heure et où l'on me veuille bien faire crédit jusqu' à demain.   20

— Monsieur, dit le voleur, vous me paraissez civil et de bonne compagnie, et vous possédez en outre[21] cette tranquillité d'âme[22] qui est le propre du sage. C'est moi, si cela ne vous désoblige point,

10. force
11. petit sac où on met de l'argent
12. la liberté de choisir
13. chercha avec soin
14. sa culotte
15. regrettable
16. vous en apercevoir; le vérifier
17. essaye
18. en plein air la nuit
19. pièces d'argent
20. Si ce n'est que
21. de plus
22. ensemble des sentiments; caractère

qui aurai l'honneur de vous offrir l'hospitalité dans ma modeste maison.

— Monsieur, dit La Fontaine, j'accepte avec reconnaissance.[23]

JULES LEMAÎTRE[24]
(En Marge des Vieux Livres,
© *Boivin*)

EXPRESSIONS IDIOMATIQUES

Employez chacune des expressions suivantes dans une phrase qui en fera bien comprendre le sens:

1. aimer mieux.   2. à la belle étoile.   3. à moins que.

23. gratitude
24. 1853-1914

10

Un Terrible Visiteur

L'INDE est, par excellence, le pays des serpents venimeux. Le plus terrible d'entre eux est le naja, ou cobra, dont la morsure[1] est mortelle. Il est agile, vif et a quelquefois quatre mètres de longueur. Il se nourrit de petits animaux, rats et grenouilles,[2] mais il aime à loger sous le toit des habitations humaines. Quel voisin! 5

Écoutez ce récit authentique d'un Anglais qui séjournait aux Indes.

«Nous jouions au whist. Maxey gagnait sans discontinuer et était de joyeuse humeur. Tout à coup, au moment de jouer, il s'arrêta immobile, craintif,[3] anxieux. 10

— Jouez donc, lui dit Churchill, un de nos jeunes camarades.

— Silence! répond Maxey, d'une voix étrange.

— Êtes-vous malade? s'écria notre partenaire prêt[4] à se lever.

— Au nom du ciel, murmure Maxey avec angoisse,[5] ne bougez pas![6] Si vous tenez à[7] ma vie, ne bougez pas! 15

1. blessure faite en prenant avec les dents
2. petits animaux verts qui sautent au bord de l'eau
3. qui marque la peur
4. préparé
5. anxiété
6. ne faites pas de mouvement!
7. attachez de la valeur à

53

— A quoi pense-t-il, me dit Churchill. A-t-il perdu la raison?

— Je vous en conjure,[8] répète Maxey, ne bougez pas. Si vous faites le moindre mouvement, je suis un homme mort!»

Nous le regardâmes tout étonnés et il ajouta: «Autour de ma
5 jambe est enroulé[9] un cobra.» Ces mots nous terrifièrent, notre premier mouvement fut un mouvement de fuite.[10] Mais un regard suppliant de notre pauvre ami nous fit rester à notre place, bien que[11] nous sachions quel terrible péril nous menaçait si le serpent se dirigeait[12] vers nous.

10 Maxey portait une culotte courte et des bas de soie. Il sentait le contact du serpent. Il se collait[13] à sa peau, mais lui ne bougeait pas et ne frémissait[14] même pas; il savait que la morsure du cobra est sans remède et que l'immobilité seule pouvait le sauver d'une mort affreuse. Mais sa figure était pâle, son regard hagard, sa bouche
15 livide. Il osait à peine respirer et notre anxiété était aussi intense que la sienne.

Après un moment de silence, il nous dit à voix basse:

«Qu'on apporte du lait et qu'on en verse[15] un peu près de moi sur le plancher!»

20 Un domestique debout près de la porte s'empressa[16] d'accomplir cet ordre.

«Hélas! murmura le malheureux Maxey, j'ai une femme et des enfants en Angleterre. Dites-leur que ma dernière pensée a été pour eux, que je les bénis,[17] que je leur donne ce que je possède ... Le rep-
25 tile se remue[18] ... Oh! Dieu! quelle cruelle agonie!»

---

8. implore
9. roulé (autour de)
10. action de quitter un endroit dangereux
11. *conjonction concessive, synonyme de* quoique
12. venait
13. s'attachait
14. tremblait
15. fasse couler (*un liquide*)
16. fit promptement
17. appelle la protection divine **sur eux**
18. bouge

Le domestique apporta le bol de lait réclamé.[19] Il le posa par terre près de notre ami, versa quelques gouttes de lait sur le sol, puis s'éloigna précipitamment.

Notre anxiété grandit; le silence le plus profond continua à régner, puis Maxey gémit:[20]

«Le serpent serre plus fortement ma jambe dans ses anneaux.[21] Il s'agite; je n'ose pas me baisser pour le regarder ... Je devine[22] qu'il lève la tête. Oh! Dieu! C'est le mouvement final, je suis perdu, voici ma dernière heure. Mon Dieu! pardonnez-moi mes péchés[23] ... Ah! le serpent s'agite encore ... il me semble qu'il se déroule! Oui! Oui! il s'en va! Oh! Dieu de miséricorde,[24] merci!»

L'effroyable[25] bête, attirée[26] par l'odeur du lait, avait en effet quitté notre ami, et s'approchait du bol. Nous la tuâmes adroitement et notre ami tomba avec un cri de joie dans nos bras.»

XAVIER MARMIER[27]

EXPRESSIONS IDIOMATIQUES

Employez chacune des expressions suivantes dans une phrase qui en fera bien comprendre le sens:

1. par excellence.   2. jouer à.   3. penser à.

---

19. demandé
20. fit un cri de douleur plaintif
21. cercles formés par le corps d'un serpent enroulé
22. pense
23. fautes faites au point de vue de la religion
24. compassion pour les misères des autres
25. terrible
26. faite venir *(au bol)*; alléchée
27. 1809-1892

11

Le Déjeuner de Napoléon

NAPOLÉON aimait se promener de bonne heure[1] dans les rues de Paris. A cette heure-là, les Parisiens n'étaient pas encore levés; les rues étaient presque vides, et Napoléon pouvait marcher sans être reconnu. Pour ne pas être reconnu, il s'habillait d'un costume
5 très simple et portait un grand chapeau qui lui cachait le haut du visage.

Un matin il se leva à cinq heures. Aussitôt qu'il fut levé, il appela le maréchal Duroc[2] et lui demanda de l'accompagner. — Sire, où voulez-vous aller? lui demanda Duroc. — Allons voir la colonne[3]
10 Vendôme,[4] dit Napoléon.

Cette colonne était en construction. Napoléon s'intéressait beaucoup à cette colonne qu'il faisait bâtir[5] pour célébrer les victoires de ses armées.

Napoléon et Duroc traversèrent le jardin des Tuileries[6] et arri-

1. tôt
2. général français (1772-1813)
3. le pilier circulaire
4. nom donné à la colonne de la Grande Armée, érigée par Napoléon sur la place Vendôme en 1805
5. construire
6. nom du jardin sur le site de l'ancien palais de ce nom qui a été brûlé en 1871

vèrent bientôt à la place Vendôme au moment où le soleil commençait à se lever. Ils examinèrent le monument dans tous ses détails. Après qu'il eut passé une demi-heure à faire des suggestions à Duroc au sujet de la colonne, Napoléon voulut revenir au palais[7] en suivant le boulevard. En passant, il remarqua que les restaurants 5 étaient encore fermés. — Les Parisiens sont paresseux dans ce quartier, dit-il. Tout en causant, ils arrivèrent devant un restaurant que le propriétaire était en train d'ouvrir. — Tiens![8] dit Napoléon, cette promenade[9] m'a donné de l'appétit; entrons dans ce restaurant pour déjeuner; qu'en pensez-vous? — Sire, c'est trop tôt; il 10 n'est encore que six heures. — Bah! cela ne fait rien;[10] d'ailleurs, votre montre retarde[11] toujours.

Et l'empereur entra dans le café, appela le garçon, et lui commanda des côtelettes[12] de mouton, une omelette et une bouteille de vin de Bourgogne.[13]   15

Après qu'il eut fini de manger, il prit une tasse de café qu'il trouva meilleur que celui qu'on lui servait aux Tuileries. Alors il appela le garçon, lui demanda l'addition[14] et se leva, en disant à Duroc: — Payez et retournons aux Tuileries; il est temps. Puis il se dirigea vers la porte, en sifflant[15] un air d'opéra.   20

Le maréchal chercha dans sa poche le porte-monnaie qu'il y portait, généralement, mais, à sa grande surprise, il remarqua qu'il avait oublié de le prendre. La situation était embarrassante. Duroc savait que Napoléon ne portait jamais d'argent sur lui. Le garçon attendait l'argent. Napoléon commençait à perdre patience.   25

Alors le maréchal alla au comptoir[16] où se trouvait la maîtresse

---

7. grand édifice destiné à loger un personnage important
8. *interjection qui exprime la surprise*
9. action de se promener
10. n'a pas d'importance
11. marche trop lentement
12. pièces de viande
13. ancienne province de France
14. ce qu'on doit payer dans un café ou un restaurant
15. produisant un bruit avec la bouche presque fermée
16. sorte de grande table sur laquelle on sert les clients d'un café

du café et lui dit d'un air embarrassé: — Madame, mon ami et moi, nous sommes sortis un peu vite ce matin et nous avons oublié de prendre notre porte-monnaie, mais je vous donne ma parole[17] d'honneur que, dans une heure, je vous enverrai l'argent. — C'est
5   possible, monsieur, répondit froidement la dame, mais je ne vous connais ni l'un ni l'autre et j'ai déjà été attrapée[18] plusieurs fois avec cette histoire de porte-monnaie oublié. — Madame, interrompit[19] Duroc, nous sommes des officiers de la Garde impériale. — Oh! dit la dame, le dernier client qui m'a attrapée m'avait dit
10 lui aussi qu'il était officier de la Garde. — Madame, dit le garçon qui avait écouté la conversation, je payerai pour ces messieurs; je suis sûr qu'ils me rendront[20] cet argent. — Que vous êtes donc naïf. Quand vous aurez mon expérience, vous serez plus prudent, dit la maîtresse du café.
15 En route Duroc raconta l'histoire à Napoléon qui la trouva très amusante. Le lendemain un officier entra au café et dit à la maîtresse du restaurant: — Madame, n'est-ce pas ici que deux messieurs sont venus déjeuner hier, et, comme ils avaient oublié leur porte-monnaie ... — Oui, monsieur, c'est ici, répondit la dame. — Eh
20 bien! Madame, c'étaient sa Majesté l'Empereur et Monsieur le maréchal Duroc. Puis-je parler au garçon qui a payé pour eux?

La pauvre dame, prête à perdre connaissance,[21] appela le garçon. L'officier lui donna cinq cents francs avec une lettre de remerciements[22] signée par Napoléon lui-même.

JULES CLARETIE[23]
(*Courtesy of Société des Gens de Lettres de France*)

---

17. promesse verbale
18. trompée
19. empêcha quelqu'un de continuer à parler
20. remettront
21. perdre la capacité de sentir et de comprendre
22. expressions de gratitude
23. 1840-1913

EXPRESSIONS IDIOMATIQUES

Employez chacune des expressions suivantes dans une phrase qui en fera bien comprendre le sens:

1. se promener.   2. s'habiller (de).   3. Cela ne fait rien.
4. être attrapé.   5. en train de.

12

Les Lentilles[1] Universitaires

NOUS étions 107, oui 107, qui avions fermement résolu de ne plus manger de lentilles! Nous n'avions pas les goûts[2] d'Ésaü.[3] Nous trouvions qu'à la fin on nous étouffait[4] sous les lentilles. Toujours des lentilles et encore des lentilles.

5 Les 107 firent le serment[5] de prendre toutes les lentilles qu'on nous servirait et de les jeter, comme une protestation matérielle, à travers le réfectoire.[6] Notre cri de ralliement[7] devait être tout naturellement «à bas[8] les lentilles!» Nous allons au réfectoire, nous demandons au garçon s'il y avait des lentilles. Il y avait des lentilles.

10 Échange de regards entre les conjurés.[9] Ah! on veut nous contraindre[10] au supplice[11] des lentilles. Eh bien, on va voir les lentilles.

---

1. plante dont le fruit est un légume comme le pois ou le haricot
2. appréciation gastronomique (*des aliments*)
3. fils le plus âgé d'Isaac et de Rébecca qui vendit son héritage pour un plat de lentilles
4. empêchait de respirer
5. la promesse formelle
6. grande salle à manger d'un établissement
7. rassemblement
8. *signe de désapprobation contre quelque chose ou contre quelqu'un*
9. ceux qui sont unis pour exécuter une conspiration
10. forcer
11. tortures physiques

Les lentilles arrivèrent toutes fumantes et nageant dans leur sauce brune. Nous les laissons venir. On nous sert. Et, dès que les lentilles ont passé du plat dans les assiettes, un grand cri retentit[12] dans le réfectoire, un cri de colère poussé par les 107 poitrines des 107: «à bas les lentilles!» Et les lentilles volent comme une noble 5 mitraille[13] à travers le réfectoire.

Nous sortons du réfectoire enflammés d'enthousiasme. On se répand[14] dans les cours, la Marseillaise[15] des Lentilles retentit.

Le proviseur[16] accourt, il nous harangue, nous parlementons.[17] «Que voulez-vous? 10

Nous ne voulons plus de lentilles. Plutôt la mort que les lentilles! Plus de lentilles! A bas les lentilles!»

Le proviseur voulut faire un exemple. Peut-être aimait-il les lentilles? Ce qui est certain, c'est qu'il n'aimait pas les révoltes. Il décima les 107. On prit au hasard[18] et on les renvoya dans leurs 15 familles. J'en étais. Je me rappelle encore avec quelle dignité je fis mon paquet et pliai noblement ma tunique.[19] On me chassait, soit,[20] mais je n'avais point transigé,[21] je n'avais point mangé de lentilles.

Je sors, j'arrive chez moi. On était à table. Mes parents dînaient. 20 «Qui est là? Comment, toi? Qu'est-ce qu'il y a donc? — Chassé. Ah, garnement![22] Mais as-tu mangé? — Non. Mets-toi à table, malheureux, nous nous expliquerons après.» Et, comme j'avais faim, je me mis à table en toute hâte.

Or, savez-vous ce qui m'attendait chez mon père, et quel plat la 25

12. résonne
13. pluie de balles
14. se disperse
15. hymne national de la France, composé en 1792
16. directeur d'un lycée
17. discutons un armistice
18. sans déterminer la responsabilité
19. vêtement d'uniforme
20. que cela soit; très bien
21. je n'avais pas fait de concessions
22. enfant insupportable!

vieille cuisinière[23] apporta devant mes yeux stupéfaits? Eh bien, oui, des lentilles, un plat de lentilles. Je retrouvais chez mes parents ce que je fuyais[24] en maudissant[25] au lycée. On me servit des lentilles, et j'en mangeai. Et, je rougis[26] de l'avouer, je les trouvai
5 même succulentes.

TRISTAN BERNARD[27]
(*Courtesy of Société des Gens de Lettres de France*)

EXPRESSIONS IDIOMATIQUES

Employez chacune des expressions suivantes dans une phrase qui en fera bien comprendre le sens:

1. à la fin. 2. à bas. 3. au hasard. 4. faire son paquet.
5. à table. 6. avoir faim. 7. se mettre à table.

23. servante qui prépare les repas
24. ce dont je m'éloignais
25. en exprimant mon aversion ou ma colère
26. deviens rouge
27. 1866-1947

13

L'Esprit Déménageur[1]

CE FUT une nuit parfaitement stupide, et j'avoue que pendant
les dernières heures de la veille,[2] les plus pénibles, celles qui précè-
dent le lever du jour, j'en voulus à[3] G. 7 de m'avoir fait parcourir[4]
près de trois cents kilomètres pour attendre à ses côtés, dans l'obscurité d'une chambre close, l'esprit déménageur.   5

Nous étions arrivés la veille au soir dans ce petit village du Nivernais.[5] Le maître de maison, Edgar Martineau, nous avait fait chercher à la gare en voiture. Il nous attendait sur le perron[6] de sa
maison, que les gens du pays appellent le château.

Une vieille maison à deux ailes, de style vaguement Louis 10
quatorze,[7] dont les murs et le toit ne sont plus rigoureusement
d'équerre.[8]

---

1. qui transporte des meubles d'un endroit à un autre
2. garde assurée pendant la nuit
3. souhaitai du mal à
4. voyager
5. ancienne province de France
6. escalier extérieur composé d'un petit nombre de marches et d'une plate-
forme
7. Louis XIV (1638-1715), roi de France
8. à angle droit

Elle a néanmoins[9] assez d'allure,[10] et une tourelle[11] excuse le terme pompeux de château, en même temps que le parc qui, lui, est de toute beauté.

Des paysans étaient groupés sur la route pour nous regarder pas-
5 ser, et cela ne m'étonnerait pas d'apprendre que certaines bonnes âmes[12] s'attendaient à nous voir tomber sous les coups de l'esprit déménageur.

Car on savait que G. 7 arrivait de Paris tout exprès pour mettre la main sur l'esprit qui, depuis un an, faisait le fond[13] de toutes les
10 conversations du pays.

Lorsqu'il s'était manifesté pour la première fois, le château était la propriété d'une vieille rentière,[14] Mme Dupuis-Morel, veuve[15] d'un officier de cavalerie, qui avait poussé de hauts cris en trouvant un matin le plus lourd de ses bahuts[16] au beau milieu de la pièce
15 dont il occupait la veille un angle.

Mme Dupuis-Morel ne détestait pas faire tourner les tables.[17] On commença par se moquer d'elle.

Mais le bahut prit l'habitude, aussitôt remis dans son coin, de changer de place, tant et si bien qu'il fallut convenir[18] qu'il y avait
20 là quelque chose d'anormal.

Ce bahut était immense, d'un poids considérable. C'était un de ces meubles antiques comme on n'en fait plus, pour la bonne rai-son qu'ils n'entreraient pas dans les appartements modernes.

Mme Dupuis-Morel n'employait qu'une servante aussi vieille
25 qu'elle et un jardinier de soixante-douze ans. Il n'y avait personne d'autre au château.

9. cependant; pourtant
10. apparence imposante
11. petite tour
12. personnes
13. était la base
14. personne qui vit de ses revenus
15. femme qui a perdu son mari
16. grandes boîtes en bois servant à ranger les vêtements
17. procédé employé par les spirites
18. accepter l'idée

Or, tout le village défila[19] peu à peu[20] et put se convaincre que le bahut se refusait à garder la place qui lui était assignée.

Martineau fut le seul à se moquer de ces racontars.[21] Il se brouilla[22] par ce fait avec sa vieille amie Dupuis-Morel. Mais celle-ci lui pardonna quand, après avoir cherché en vain à vendre le château hanté, elle vit Martineau se présenter comme acquéreur.[23]

Bien entendu, — il eut le domaine pour un prix dérisoire:[24] à peine la moitié de sa valeur.

Il annonça à tous ceux qui voulaient l'entendre que l'esprit déménageur ne se risquerait pas à opérer tant qu'[25] il vivrait au château.

Mais, quelques jours plus tard, on le voyait changer d'attitude. Il se montrait inquiet. On chuchota[26] que l'esprit déménageait toujours le bahut et que Martineau ne tarderait[27] pas à mettre le domaine en vente[28] à son tour.

Tels[29] étaient les faits. De loin, cela paraît idiot. Mais quand on est dans le pays, quand on ne voit que visages anxieux, brouillés[30] par le sentiment du mystère, quand on entend les gens ne parler qu'à voix basse, on comprend que le maire ait demandé l'aide d'un inspecteur de Paris pour mettre fin à pareil état de choses.

L'inspecteur, c'était G. 7, qui eut la gentillesse de m'emmener, gentillesse dont je ne lui sus aucun gré[31] après quelques heures de veille dans la chambre au bahut.

19. marcha à la file (à la maison)
20. lentement
21. histoires
22. ne fut plus ami
23. acheteur; celui qui devient possesseur de quelque chose
24. ridiculement bas
25. aussi longtemps que
26. dit tout bas
27. serait lent
28. essayer de vendre
29. Comme cela
30. troublés
31. n'eus aucune gratitude

Car c'est dans cette pièce même,[32] qui sert de lingerie,[33] que nous passions la nuit, installés dans des fauteuils, une bouteille de vin blanc et des sandwiches au jambon[34] à portée de la main.[35]

Le bahut était à sa place, contre le mur de gauche, et de temps en
5 temps nous scrutions[36] l'obscurité pour nous assurer qu'il n'avait pas bougé.

Nous étions dans la tradition jusqu'au bout; nous n'avions pas fait de lumière, nous ne parlions pas et même nous évitions[37] de fumer, par crainte[38] d'effrayer l'esprit déménageur.

10 C'est G. 7 qui avait voulu qu'il en fût ainsi, ce qui m'avait quelque peu étonné de sa part.

A vrai dire, depuis que nous étions dans la maison, il avait l'air de couper dans cette histoire de fantôme. En tout cas, il n'en avait pas ri, pas même souri.

15 C'était d'autant plus bizarre que le propriétaire lui-même, avec sa bonne tête de Gaulois,[39] n'avait rien d'un adepte du spiritisme, ni d'un froussard.[40]

Et pourtant, lui aussi avait fini par se laisser impressionner. Dans la soirée, il nous avait expliqué le manège[41] de l'esprit.

20 La place du bahut était contre le mur. Il avait quatre pieds qui étaient posés, comme on le fait souvent dans les maisons bourgeoises, sur des supports de verre épais.

Sur l'invitation de G. 7, je tentais[42] de soulever[43] le meuble, ou

32. *marque que c'est bien la chose*
33. lieu où l'on range le linge
34. viande du cochon
35. distance à laquelle la main peut atteindre
36. examinions avec attention
37. abandonnions l'idée
38. peur
39. habitant de la Gaule, territoire occupé par les Gaulois avant l'arrivée des Romains (aujourd'hui la France)
40. personne qui a peur
41. l'action adroite
42. essayais
43. lever du sol

seulement de le faire bouger de quelques centimètres,[44] mais ce fut peine perdue. C'est tout juste si je parvenais à soulever un pied à la fois, et seulement de cinq à six millimètres.[45]

Ce n'était pas un bahut: c'était un monument. Et il était d'autant plus lourd que Martineau y avait enfermé quantité de vieux bou- [5] quins,[46] comme l'histoire de la Révolution française et l'œuvre[47] complète de Michelet.[48]

— Vous verrez qu'au matin vous le retrouverez au milieu de la chambre! A cette place, tenez! ... Demain, nous le remettrons où il est. Pour cela, il faudra trois hommes ... Et douze heures plus tard [10] il aura déménagé de nouveau.

J'étais incrédule. G. 7, lui, était sérieux comme un augure.[49] Et il accepta avec empressement[50] de passer la nuit dans la pièce, comme Martineau le proposait.

Je ne sais pas s'il s'endormit. Moi, je m'assoupis[51] plus d'une fois, [15] et la dernière fois que j'ouvris les yeux, l'aube[52] commençait à éclairer la chambre où le vieux bahut était à sa place.

Je regardai l'inspecteur avec ironie.

— Il n'a pas bougé! dis-je.

— Il n'a pas bougé, en effet.[53] Cela vous dit-il quelque chose [20] d'[54] aller fumer une cigarette dehors?

J'acceptai avec empressement de le suivre. Mais dans le jardin, je fus désagréablement surpris par l'humidité froide du matin. Moins de cinq minutes plus tard, je proposai de rentrer.

Cinq minutes! Quand nous rentrâmes dans la chambre, le bahut [25]

---

44. centième partie du mètre
45. millième partie du mètre
46. livres
47. la production littéraire
48. historien français (1798-1874)
49. celui qui servait la religion romaine en interprétant des signes
50. rapidité
51. commençai à m'endormir
52. la première lumière du jour
53. c'est vrai
54. Voulez-vous

était au beau milieu[55] de celle-ci, tandis que les quatre supports de
verre étaient restés à leur place respective.

Jusqu'alors, j'avais établi une certaine corrélation entre la passion de G. 7 pour le jeu d'échecs[56] et ses aptitudes policières. Mais
je commence à croire que je me suis trompé.

En effet, je suis beaucoup plus fort[57] que lui devant les cases[58]
blanches et noires.

Et je suis pour ma part un assez piètre[59] policier. Plein de bonne
volonté pourtant! C'est ainsi que, tandis qu'il finissait sa bouteille
de vin blanc, je notai une foule de détails.

Par exemple, que le plafond était traversé de trente en trente
centimètres par des poutres[60] de chêne[61] apparentes, dans le style
anglais.

Au milieu de deux de ces poutres, il y avait de forts crochets[62]
qui avaient dû supporter des suspensions.[63]

Je notai encore qu'un des angles de la chambre était plus aigu[64]
que les autres, mais tous les angles de la maison, en somme, étaient
plutôt irréguliers.

Enfin le plancher était magnifique, ciré[65] avec soin. J'y cherchai
des rayures[66] mais en vain. Une fois de plus je tentais de remuer le
bahut. J'y mis une certaine rage. Quelques instants plus tard, j'étais
en nage,[67] et c'est tout juste si le meuble avait bougé de quelques
millimètres.

Une idée me passa par la tête. J'ouvris le bahut. Je m'attendais

55. exactement au centre
56. jeu qui se joue à deux avec 32 pièces
57. expert
58. carrés de l'échiquier sur lequel on joue aux échecs
59. sans valeur
60. pièces de bois grosses et longues
61. grand arbre au bois très dur
62. morceaux de fer courbés qui servent à pendre des objets
63. supports de lampe
64. pointu
65. couvert de cire (*matière dont on fait les chandelles*)
66. traces laissées par un corps pointu ou coupant sur une surface **plate**
67. j'avais très chaud

à[68] le trouver vide de ses livres ou à voir ceux-ci empilés à la hâte.

Car le soi-disant[69] esprit n'avait eu que cinq minutes pour le transporter. Il n'avait pas eu le temps de retirer les bouquins et de les ranger ensuite avec soin. G. 7 souriait. Cela m'énerva:[70]

— Savez-vous seulement quelles sont actuellement[71] les per- 5 sonnes qui couchent dans la maison? questionnai-je sur un ton agressif.

— Peu importe![72] répondit-il.

— Comment, peu importe? Vous n'allez pas prétendre que c'est un esprit déménageur qui ...   10

— Vous vous considérez comme un homme de force moyenne,[73] je suppose? Et même comme un homme de force assez supérieure ... Vous faites du sport ...

— N'empêche qu'il peut exister un colosse qui ...

— Cela se saurait! Surtout si le colosse en question avait déjà 15 vécu ici du temps de Mme Dupuis-Morel ... Car n'oubliez pas que l'esprit se manifestait dès cette époque ... C'est même là le point le plus important ... Laissez-moi vous poser une question à mon tour ... Si vous deviez pénétrer dans cette pièce par escalade,[74] comment feriez-vous?   20

Je rougis. Je dus avouer que je n'avais pas examiné les lieux sous ce rapport.[75] J'allai vers la fenêtre.

— C'est facile! remarquai-je. Un enfant le ferait! Nous sommes au premier étage. Mais il y a un poirier[76] en espalier[77] qui semble

68. comptais
69. qui prétend être
70. irrita
71. à présent
72. Ce n'est pas très important!
73. ni très fort, ni très faible
74. action de pénétrer dans une maison par une fenêtre ou par le toit en s'aidant des pieds et des mains
75. à ce point de vue
76. arbre fruitier qui produit des poires
77. dont les branches couvrent le côté d'un mur

pousser là tout exprès. C'est une véritable échelle ... Seulement, selon[78] vos propres[79] paroles, cela ne nous avance pas ...

— Vous croyez?

— Mais, sacrebleu,[80] vous venez de dire vous-même qu'un hom-
5 me n'est pas capable de remuer ce bahut! ... A moins de[81] penser qu'ils viennent à deux ou trois.

Je m'interrompis. Je triomphais.

— D'ailleurs, vous oubliez qu'il y a un instant nous étions dehors, et justement de ce côté de la maison ...

10 Il souriait toujours. J'étais prêt à me fâcher[82] d'autant plus que je n'avais pas dormi, ni déjeuné. Mais Martineau entra, en robe de chambre, les cheveux encore en désordre.

Il s'arrêta net[83] à la vue du bahut.

— Alors ... vous l'avez vu? ... balbutia-[84]t-il.

15 — Comme vous dites! répliqua tranquillement G. 7.

— Et ... vous ne l'avez pas arrêté? ... vous n'avez pas ... pas tiré ... dessus?[85]

— Même pas![86]

Le bonhomme tournait et retournait autour de son meuble, le
20 palpait,[87] puis regardait mon compagnon ... avec une visible angoisse.

— Même en votre présence ... articula-t-il. Ce n'est pas un de mes domestiques, au moins?

— Je ne pense pas. Comment sont faits vos domestiques?

25 — Il y a d'abord la cuisinière, Eugénie, une grosse commère[88] de quarante ans ...

78. suivant
79. *renforce* vos
80. *interjection qui exprime l'irritation*
81. Excepté si
82. m'irriter
83. tout d'un coup
84. articula mal, avec hésitation et difficulté
85. fait exploser votre revolver sur lui
86. Pas même cela!
87. touchait
88. femme curieuse qui parle beaucoup

— Passons ...

— Puis il y a son gamin,[89] qui a quinze ans et qui soigne les chevaux ...

— Passons ...

— Enfin le valet, un grand garçon un peu simple.

— Ensuite?

— C'est tout, fit piteusement[90] Martineau.

— Dans ce cas, allez achever[91] votre toilette. Car je parie[92] que vous êtes venu ici avant même de vous laver ...

— Mais l'esprit? ... Qu'en pensez-vous?

— Qui couche dans cette bicoque,[93] au fond du parc?

— Quelle bicoque?

G. 7 attira Martineau vers la fenêtre.

Je n'avais pas entendu parler de la bicoque en question. Martineau semblait aussi surpris que moi.

Mais je compris bientôt que G. 7 avait voulu seulement s'emparer de[94] la main de notre hôte[95] sans lui donner l'éveil.[96]

Il se mit à renifler[97] les doigts du propriétaire, qui était devenu pâle.

— De la cire, hein, dit-il. Je sentais cela! Pas de l'encaustique![98] De la cire! Rien de tel[99] sauf[100] pourtant le savon noir, pour faire glisser[101] un objet en bois sur une surface de même matière. Sans compter que cela évite[102] les rayures et que les traces, sur un plancher déjà ciré, s'effacent d'un seul coup de chiffon.

89. enfant (*garçon*)
90. d'une manière qui évoque la pitié
91. finir
92. m'engage à payer une certaine somme si je n'ai pas raison
93. petite maison peu solide et peu confortable
94. prendre vite
95. personne qui donne l'hospitalité
96. l'exciter à se mettre sur ses gardes
97. respirer par le nez
98. solution de cire pour faire briller un meuble
99. Sans égal
100. excepté
101. faire un mouvement comme sur la glace
102. empêche qu'on ne fasse

L'autre était écrasé par cette conclusion foudroyante[103] de l'enquête.

— Il fallait bien que je continue! finit-il par murmurer piteusement.

5 — Bien entendu! Sinon on vous aurait accusé du moment que c'était à vous que le manège de l'esprit déménageur avait profité.

Martineau fit un signe affirmatif. Puis il gémit:

— La première fois, ce n'était pas moi ...

— Je m'en suis douté[104] tout de suite. Et je m'en suis assuré en 10 versant une goutte de vin sur le plancher, près du bahut. Le vin a aussitôt coulé vers le centre de la chambre où il s'est arrêté. Autrement dit, il y a une pente,[105] très faible, mais suffisante pour permettre, surtout avec l'aide d'un corps gras, de déplacer le bahut sans trop d'effort ... Il suffisait de lui enduire[106] de temps en temps 15 les pattes de cire, de décaler[107] les supports de verre les unes après les autres, de pousser à peine ...

— Est-ce que vous croyez que j'irai en prison? En somme,[108] je n'ai pas volé. Et un autre eût pu[109] acheter la maison au même prix ...

20 G. 7 ne parut pas entendre. Il poursuivit son idée. D'ailleurs, que lui importaient à lui les[110] conséquences judiciaires de ses découvertes? Il n'était pas un justicier.[111] On lui donnait une énigme à résoudre,[112] un point c'est tout!

— Voyez-vous, c'est vous-même qui m'avez donné la solution. 25 Comme quoi[113] il est dangereux de trop parler. Vous m'avez dit que le bahut s'arrêtait toujours à la même place ...

103. qui cause une émotion soudaine et violente
104. ai eu une certaine idée de cela
105. surface inclinée
106. couvrir (*une surface*) de
107. enlever
108. En un mot
109. aurait pu
110. quelle était l'importance pour lui des
111. juge
112. trouver une solution
113. Ce qui montre que

Il me regarda avec une ironie affectueuse pour conclure:
— Et dès lors[114] un enfant eût trouvé!

GEORGES SIMENON[115]
(Les Treize Énigmes,
© *Georges Simenon*)

EXPRESSIONS IDIOMATIQUES

Employez chacune des expressions suivantes dans une phrase qui en fera bien comprendre le sens:

1. en vouloir à.   2. s'attendre à.   3. au beau milieu.   4. commencer par.   5. tarder à.   6. savoir (bon) gré à.   7. servir de. 8. de temps en temps.   9. à vrai dire.   10. en tout cas.   11. avoir ... ans.   12. au fond de.   13. entendre parler de.   14. se douter de.

---

114. à partir de ce moment
115. auteur belge de romans policiers: 1903-

14

La Parure[1]

C'ÉTAIT une de ces jolies et charmantes filles, nées, comme par une erreur du destin, dans une famille d'employés. Elle n'avait pas de dot,[2] pas d'espérances,[3] aucun moyen d'être connue, comprise, aimée, épousée[4] par un homme riche et distingué; et elle se laissa[5]
5 marier avec un petit commis[6] du ministère[7] de l'Instruction publique. ...

Elle souffrait sans cesse, se sentant née pour toutes les délicatesses et tous les luxes. Elle souffrait de la pauvreté de son logement,[8] de la misère des murs, de l'usure[9] des sièges,[10] de la laideur[11] des
10 étoffes.[12] ...

Quand elle s'asseyait, pour dîner, devant la table ronde couverte

1. ensemble d'ornements précieux
2. le bien qu'une femme apporte en mariage
3. attente de quelque chose qu'on désire
4. mariée
5. s'abandonna à; accepta de
6. employé de bureau
7. département d'un ministre
8. résidence habituelle
9. détérioration par l'usage
10. meubles qui servent à s'asseoir; chaises
11. *contraire de* beauté
12. tissus

d'une nappe[13] de trois jours, en face de son mari qui découvrait[14] la soupière[15] en déclarant d'un air enchanté: «Ah! le bon pot-au-feu![16] Je ne sais rien de meilleur que cela», elle songeait[17] aux dîners fins,[18] aux argenteries[19] reluisantes,[20] aux tapisseries peuplant[21] les murailles[22] de personnages anciens et d'oiseaux étranges au milieu d'une forêt de féerie;[23] elle songeait aux plats exquis servis en des vaisselles[24] merveilleuses, aux galanteries chuchotées et écoutées avec un sourire de sphinx, tout en mangeant la chair[25] rose d'une truite[26] ou des ailes de gelinotte.[27]

Elle n'avait pas de toilettes, pas de bijoux,[28] rien. Et elle n'aimait que cela; elle se sentait faite pour cela. Elle eût tant[29] désiré plaire, être enviée, être séduisante[30] et recherchée![31]

Elle avait une amie riche, une camarade de couvent qu'elle ne voulait plus aller voir, tant elle souffrait en revenant. Et elle pleurait pendant des jours entiers, de chagrin,[32] de regret, de désespoir et de détresse.[33]

Or, un soir, son mari rentra, l'air glorieux, et tenant à la main une large enveloppe.

— Tiens, dit-il, voici quelque chose pour toi.

13. linge qui recouvre une table à manger
14. enlevait ce qui couvrait
15. le récipient où l'on met la soupe pour l'apporter sur la table
16. bouillon qui contient du bœuf et des légumes
17. pensait
18. excellents
19. vaisselles d'argent
20. brillantes
21. habitant
22. murs
23. mystérieuse
24. assiettes, plats, verres
25. viande
26. espèce de poisson
27. sorte d'oiseau sauvage
28. ornements précieux
29. aurait tellement
30. charmante
31. rare
32. tristesse
33. angoisse

Elle déchira vivement[34] le papier et en tira une carte imprimée[35] qui portait ces mots:

«Le ministre de l'Instruction publique et Mme Georges Ramponneau prient M. et Mme Loisel de leur faire l'honneur de venir passer la soirée à l'hôtel[36] du ministère, le lundi 18 janvier.»

Au lieu d'[37] être ravie,[38] comme l'espérait son mari, elle jeta avec dépit[39] l'invitation sur la table, murmurant:

— Que veux-tu que je fasse de cela?

— Mais, ma chérie,[40] je pensais que tu serais contente. Tu ne sors jamais, et c'est une occasion, cela, une belle! J'ai eu une peine infinie à l'obtenir. Tout le monde en veut; c'est très recherché et on n'en donne pas beaucoup aux employés. Tu verras là tout le monde officiel.

Elle le regardait d'un œil irrité, et elle déclara avec impatience:

— Que veux-tu que je mette sur le dos pour aller là?

Il n'y avait pas songé; il balbutia:

— Mais la robe avec laquelle tu vas au théâtre. Elle me semble très bien, à moi.

Il se tut,[41] stupéfait, éperdu,[42] en voyant que sa femme pleurait. Deux grosses larmes[43] descendaient lentement des coins des yeux vers les coins de la bouche; il bégaya:[44]

— Qu'as-tu? qu'as-tu?

Mais, par un effort violent, elle avait dompté[45] sa peine et elle répondit d'une voix calme en essuyant ses joues humides:

— Rien. Seulement je n'ai pas de toilette et par conséquent je

34. avec vivacité, ardeur; rapidement
35. faite par une presse
36. grand édifice destiné à des établissements publics
37. A la place de
38. enchantée
39. vexation
40. personne tendrement aimée
41. garda le silence
42. troublé
43. liquide qui coule des yeux quand on pleure
44. balbutia
45. contenu par la force; maîtrisé

The Bobbs-Merrill Company, Inc.

College Division / Indianapolis, Indiana 46268

Please send me the following examination copies:

INTERNAL USE ONLY	QUANTITY	TITLE AND AUTHOR
63000	1	
63009	1	
63015	1	
63025	1	
630313	1	
630353	1	
63053	1	
63126	1	

CHECK:

[ ] EXAMINATION COPY(IES) (DESK)

[ ] ON APPROVAL

[ ] BILL ME AT PROFESSIONAL DISCOUNT

SIGNATURE _____

DATE _____

HWS 1153 (7-71-50M)

ne peux aller à cette fête. Donne ta carte à quelque collègue dont la femme sera mieux nippée[46] que moi.

Il était désolé.[47] Il reprit:

— Voyons,[48] Mathilde. Combien cela coûterait-il, une toilette convenable,[49] qui pourrait te servir encore en d'autres occasions,   5 quelque chose de très simple?

Elle réfléchit quelques secondes, établissant ses comptes[50] et songeant aussi à la somme qu'elle pouvait demander sans s'attirer[51] un refus immédiat et une exclamation effarée[52] du commis économe.

Enfin, elle répondit en hésitant: 10

— Je ne sais pas au juste, mais il me semble qu'avec quatre cents francs je pourrais arriver.

Il avait un peu pâli, car il réservait juste cette somme pour acheter un fusil[53] et s'offrir des parties de chasse, l'été suivant, dans la plaine de Nanterre,[54] avec quelques amis qui allaient tirer[55] des   15 alouettes,[56] par là, le dimanche.

Il dit cependant:

— Soit. Je te donne quatre cents francs. Mais tâche d'avoir une belle robe.

Le jour de la fête approchait, et Mme Loisel semblait triste, in-   20 quiète, anxieuse. Sa toilette était prête cependant. Son mari lui dit un soir:

— Qu'as-tu? Voyons, tu es toute drôle depuis trois jours.

Et elle répondit:

— Cela m'ennuie[57] de n'avoir pas un bijou, pas une pierre, rien   25

46. habillée
47. bien triste
48. *expression d'encouragement*
49. comme il faut
50. vérifiant ce qui est dû ou reçu
51. exciter
52. bien troublée
53. arme à feu
54. ville près de Paris, au nord
55. faire exploser une arme à feu; chasser
56. oiseaux des champs
57. vexe

à mettre sur moi. J'aurai l'air misère comme tout.[58] J'aimerais
presque mieux ne pas aller à cette soirée.

Il reprit:

— Tu mettras des fleurs naturelles. C'est très chic[59] en cette sai-
5   son-ci. Pour dix francs tu auras deux ou trois roses magnifiques.

Elle n'était point convaincue.[60]

— Non, il n'y a rien de plus humiliant que d'avoir l'air pauvre
au milieu de femmes riches.

Mais son mari s'écria:

10   — Que tu es bête! Va trouver ton amie Mme Forestier et de-
mande-lui de te prêter des bijoux. Tu es bien assez liée[61] avec elle
pour faire cela.

Elle poussa un cri de joie:

— C'est vrai. Je n'y avais point pensé.

15   Le lendemain, elle se rendit chez son amie et lui conta[62] sa détresse.

Mme Forestier alla vers son armoire à glace, prit un large coffret,
l'apporta, l'ouvrit, et dit à Mme Loisel:

— Choisis, ma chère.[63]

20   Elle vit d'abord des bracelets, puis un collier[64] de perles, puis une
croix[65] vénitienne,[66] or et pierreries,[67] d'un admirable travail. Elle
essayait les parures devant la glace, hésitait, ne pouvait se décider
à les quitter, à les rendre. Elle demandait toujours:

— Tu n'as plus rien d'autre?

25   — Mais si. Cherche. Je ne sais pas ce qui peut te plaire.

Tout à coup elle découvrit, dans une boîte de satin noir, une

58. au plus haut point
59. élégant
60. assurée; sûre
61. une assez bonne amie
62. raconta
63. chère amie
64. parure qu'on porte autour du cou
65. ornement en forme d'une croix (*deux pièces de bois, etc. se traversant*)
66. de Venise (*ville italienne*)
67. pierres précieuses utilisées en bijouterie

superbe rivière[68] de diamants; et son cœur se mit à battre d'un désir immodéré.[69] Ses mains tremblaient en la prenant. Elle l'attacha autour de sa gorge,[70] sur sa robe montante et demeura[71] en extase devant elle-même. Puis, elle demanda, hésitante, pleine d'angoisse: 5

— Peux-tu me prêter cela, rien que cela?

— Mais oui, certainement.

Elle sauta au cou de son amie, l'embrassa avec emportement,[72] puis s'enfuit[73] avec son trésor.

Le jour de la fête arriva. Mme Loisel eut un succès. Elle était 10 plus jolie que toutes, élégante, gracieuse, souriante et folle de joie. Tous les hommes la regardaient, demandaient son nom, cherchaient à être présentés. Tous les attachés du cabinet voulaient valser avec elle. Le ministre la remarqua.

Elle dansait avec ivresse,[74] avec emportement, grisée[75] par le 15 plaisir, ne pensant plus à rien, dans le triomphe de sa beauté, dans la gloire de son succès, dans une sorte de nuage de bonheur[76] fait de tous ces hommages, de toutes ces admirations, de tous ces désirs éveillés,[77] de cette victoire si complète et si douce au cœur des femmes.   20

Elle partit vers quatre heures du matin. Son mari, depuis minuit, dormait dans un petit salon désert avec trois autres messieurs dont les femmes s'amusaient beaucoup.

Il lui jeta sur les épaules les vêtements qu'il avait apportés pour la sortie,[78] modestes vêtements de la vie ordinaire, dont la pauvreté 25

68. un collier
69. excessif
70. le devant du cou
71. resta
72. passion
73. s'en alla
74. extase
75. très excitée
76. état de bonheur complet
77. excités
78. *contraire d'*entrée

jurait [79] avec l'élégance de la toilette de bal. Elle le sentit et voulut s'enfuir pour ne pas être remarquée par les autres femmes qui s'enveloppaient de riches fourrures.[80]

Loisel la retenait:[81]

5 — Attends donc. Tu vas attraper froid[82] dehors. Je vais appeler un fiacre.[83]

Mais elle ne l'écoutait point et descendait rapidement l'escalier. Lorsqu'ils furent dans la rue, ils ne trouvèrent pas de voiture; et ils se mirent à chercher, criant après les cochers[84] qu'ils voyaient 10 passer de loin.

Ils descendaient vers la Seine, désespérés, grelottants.[85] Enfin ils trouvèrent sur le quai un de ces vieux coupés[86] noctambules[87] qu'on ne voit dans Paris que la nuit venue, comme s'ils eussent été honteux de leur misère pendant le jour.

15 Il les ramena[88] jusqu'à leur porte, rue des Martyrs, et ils remontèrent tristement chez eux. C'était fini, pour elle. Et il songeait, lui, qu'il lui faudrait être au Ministère à dix heures.

Elle ôta les vêtements dont elle s'était enveloppé les épaules, devant la glace, afin de[89] se voir encore une fois dans sa gloire. Mais 20 soudain elle poussa un cri. Elle n'avait plus sa rivière autour du cou!

Son mari, à moitié dévêtu[90] déjà, demanda:

— Qu'est-ce que tu as?

Elle se tourna vers lui, affolée:[91]

79. faisait contraste
80. vêtements faits de peaux d'animal
81. arrêtait
82. prendre froid; t'enrhumer
83. voiture tirée par un cheval
84. conducteurs de voitures à cheval
85. tremblants de froid
86. voitures
87. qui se promènent la nuit
88. amena de nouveau; transporta
89. pour
90. déshabillé
91. devenue comme folle

— J'ai ... j'ai ... je n'ai plus la rivière de madame Forestier. Il se dressa,[92] éperdu:

— Quoi! ... comment! ... Ce n'est pas possible!

Et ils cherchèrent dans les plis[93] de la robe, dans les plis du manteau, dans les poches, partout. Ils ne la trouvèrent point.

Il demandait:

— Tu es sûre que tu l'avais encore en quittant le bal?

— Oui, je l'ai touchée dans le vestibule du Ministère.

— Mais, si tu l'avais perdue dans la rue, nous l'aurions entendue tomber. Elle doit être dans le fiacre.

— Oui. C'est probable. As-tu pris le numéro?

— Non. Et toi, tu ne l'as pas regardé?

— Non.

Ils se contemplaient atterrés.[94] Enfin Loisel se rhabilla.

— Je vais, dit-il, refaire tout le trajet que nous avons fait à pied, pour voir si je ne la retrouverai pas.

Et il sortit. Elle demeura en toilette de soirée sans force pour se coucher, abattue[95] sur une chaise, sans feu, sans pensée.

Son mari rentra vers sept heures. Il n'avait rien trouvé.

Il se rendit à la Préfecture[96] de police, aux journaux, pour faire promettre une récompense, aux compagnies de petites voitures, partout enfin où un soupçon d'[97] espoir le poussait.

Elle attendit tout le jour, dans le même état[98] d'effarement devant cet affreux désastre.

Loisel revint le soir, avec la figure creusée, pâlie; il n'avait rien découvert.

— Il faut, dit-il, écrire à ton amie que tu as brisé[99] la ferme-

92. se mit droit
93. doubles faits à une étoffe
94. consternés
95. découragée
96. hôtel où sont les bureaux de police
97. un petit; un peu de
98. condition
99. cassé

ture[100] de sa rivière et que tu la fais réparer. Cela nous donnera le temps de nous retourner.[101]

Elle écrivit sous sa dictée.

Au bout d'une semaine, ils avaient perdu toute espérance.

5 Et Loisel, vieilli[102] de cinq ans, déclara:

— Il faut aviser à[103] remplacer ce bijou.

Ils prirent, le lendemain, la boîte qui l'avait renfermé,[104] et se rendirent chez le joaillier[105] dont le nom se trouvait dedans. Il consulta ses livres:

10 — Ce n'est pas moi, madame, qui ai vendu cette rivière; j'ai dû seulement fournir l'écrin.[106]

Alors ils allèrent de bijoutier[107] en bijoutier, cherchant une parure pareille à l'autre, consultant leurs souvenirs, malades tous deux de chagrin et d'angoisse.

15 Ils trouvèrent, dans une boutique[108] du Palais-Royal[109] un chapelet[110] de diamants qui leur parut entièrement semblable[111] à celui qu'ils cherchaient. Il valait quarante mille francs. On le leur laisserait à trente-six mille.

Ils prièrent donc le joaillier de ne pas le vendre avant trois jours.

20 Et ils firent condition qu'on le reprendrait, pour trente-quatre mille francs, si le premier était retrouvé avant la fin de février.

Loisel possédait dix-huit mille francs que lui avait laissés son père. Il emprunterait[112] le reste.

Il emprunta, demandant mille francs à l'un, cinq cents à l'autre,

---

100. ce qui sert à fermer
101. prendre d'autres mesures
102. devenu plus âgé
103. décider de
104. contenu
105. celui qui fabrique ou vend des bijoux
106. petit coffret à bijoux
107. joaillier
108. un petit magasin
109. palais à Paris
110. ensemble
111. pareil
112. se ferait prêter

cinq louis[113] par-ci, trois louis par-là.[114] Il fit des billets,[115] prit des
engagements ruineux, eut affaire aux[116] usuriers,[117] à toutes les
races de prêteurs. Il compromit toute la fin de son existence, risqua
sa signature sans savoir même s'il pourrait y faire honneur, et, épou-
vanté[118] par les angoisses de l'avenir, par la noire misère qui allait   5
s'abattre[119] sur lui, par la perspective de toutes les privations physiques et de toutes les tortures morales, il alla chercher la rivière
nouvelle, en déposant sur le comptoir du marchand trente-six mille
francs.

   Quand Mme Loisel reporta la parure à Mme Forestier, celle-ci   10
lui dit, d'un air froissé:[120]

   — Tu aurais dû me la rendre plus tôt, car je pouvais en avoir
besoin.

   Elle n'ouvrit pas l'écrin, ce que redoutait[121] son amie. Si elle
s'était aperçue de la substitution, qu'aurait-elle pensé? qu'aurait-   15
elle dit? Ne l'aurait-elle pas prise pour une voleuse?

   Mme Loisel connut la vie horrible des nécessiteux.[122] Elle prit
son parti,[123] d'ailleurs, tout d'un coup,[124] héroïquement. Il fallait
payer cette dette effroyable. Elle paierait. On renvoya la bonne;
on changea de logement; on loua sous les toits une mansarde.[125]   20

   Elle connut les gros travaux du ménage, les odieuses besognes[126]
de la cuisine. Elle lava la vaisselle, usant[127] ses ongles roses sur les

113. pièces d'or françaises de 20 francs
114. en plusieurs endroits
115. promit de payer des sommes à une date déterminée
116. eut des relations avec
117. personnes qui prêtent de l'argent à un pourcentage d'intérêt **excessif**
118. terrifié
119. tomber
120. vexé
121. ce dont avait peur
122. personnes très **pauvres**
123. se résigna
124. tout à coup
125. pièce sous le **toit**
126. travaux
127. détériorant par l'**usage**

poteries grasses et le fond des casseroles. Elle savonna[128] le linge sale, les chemises et les torchons,[129] qu'elle faisait sécher sur une corde; elle descendit à la rue, chaque matin, les ordures,[130] et monta l'eau, s'arrêtant à chaque étage pour souffler.[131] Et, vêtue comme une femme du peuple, elle alla chez le fruitier, chez l'épicier, chez le boucher, le panier au bras, marchandant,[132] injuriée,[133] défendant sou à sou[134] son misérable argent.

Il fallait chaque mois payer des billets, en renouveler[135] d'autres, obtenir du temps.

Le mari travaillait le soir à mettre au net[136] les comptes d'un commerçant et la nuit, souvent, il faisait de la copie à cinq sous la page.

Et cette vie dura dix ans.

Au bout de dix ans, ils avaient tout restitué,[137] tout, avec le taux[138] de l'usure, et l'accumulation des intérêts superposés.[139]

Mme Loisel semblait vieille, maintenant. Elle était devenue la femme forte, et dure, et rude[140] des ménages pauvres. Mal peignée, avec les jupes de travers[141] et les mains rouges, elle parlait haut, lavait à grande eau les planchers. Mais parfois,[142] lorsque son mari était au bureau, elle s'asseyait auprès de la fenêtre, et elle songeait à cette soirée d'autrefois, à ce bal, où elle avait été si belle et si fêtée.[143]

128. lava
129. morceaux de grosse toile dont on se sert pour essuyer la vaisselle
130. les choses sales; les saletés
131. se reposer un instant
132. discutant les prix
133. insultée
134. par très petites sommes
135. refaire
136. mettre en forme claire et définitive
137. rendu
138. pourcentage d'intérêt du prêt
139. mis l'un au-dessus de l'autre
140. dure
141. mal ajustées
142. quelquefois
143. si bien reçue

Que serait-il arrivé si elle n'avait point perdu cette parure? Qui sait? qui sait? Comme la vie est singulière, changeante! Comme il faut peu de chose pour vous perdre ou vous sauver!

Or, un dimanche, comme elle était allée faire un tour[144] aux Champs-Élysées[145] pour se délasser[146] des besognes de la semaine, elle aperçut tout à coup une femme qui promenait un enfant. C'était Mme Forestier, toujours jeune, toujours belle, toujours séduisante.

Mme Loisel se sentit émue. Allait-elle lui parler? Oui, certes.[147] Et maintenant qu'elle avait payé, elle lui dirait tout. Pourquoi pas?

Elle s'approcha.

— Bonjour, Jeanne.

L'autre ne la reconnaissait point, s'étonnant d'être appelée ainsi familièrement par cette bourgeoise.[148] Elle balbutia:

— Mais ... madame! ... Je ne sais ... Vous devez vous tromper.

— Non, je suis Mathilde Loisel.

Son amie poussa un cri:

— Oh! ma pauvre Mathilde, comme tu es changée! ...

Oui, j'ai eu des jours bien durs, depuis que je ne t'ai vue; et bien des[149] misères, et cela à cause de toi!

— De moi? Comment ça?

— Tu te rappelles bien cette rivière de diamants que tu m'as prêtée pour aller à la fête du Ministère.

— Oui. Eh bien?

— Eh bien, je l'ai perdue.

— Comment! puisque tu me l'as rapportée.

— Je t'en ai rapporté une autre toute pareille. Et voilà dix ans que nous la payons. Tu comprends que ça n'était pas aisé[150] pour

144. une petite promenade
145. avenue célèbre de Paris
146. se reposer
147. certainement
148. femme de la classe moyenne
149. beaucoup de
150. facile

nous, qui n'avions rien. Enfin c'est fini, et je suis rudement contente.

Mme Forestier s'était arrêtée.

— Tu dis que tu as acheté une rivière de diamants pour rem-
5 placer la mienne?

— Oui, tu ne t'en étais pas aperçue, hein? Elles étaient bien
pareilles.

Et elle souriait d'une joie orgueilleuse[151] et naïve.

Mme Forestier, fort émue, lui prit les deux mains.

10 — Oh! ma pauvre Mathilde! Mais la mienne était fausse.[152] Elle
valait au plus cinq cents francs!

GUY DE MAUPASSANT[153]
(Boule de Suif)

EXPRESSIONS IDIOMATIQUES

*Employez chacune des expressions suivantes dans une phrase qui
en fera bien comprendre le sens:*

1. à la main.   2. à moitié.   3. à pied.   4. attraper froid.
5. au bout de.   6. au lieu de.   7. avoir (qu'avez-vous?).   8. se
dresser.   9. pousser un cri.   10. prendre un parti.   11. se
rendre à.   12. tout à coup.

151. vaine
152. pas réelle; pas naturelle
153. 1850-1893

15

Histoire de l'Ourse[1] Mâcha et de la Vieille Dame Polonaise[2]

UNE VIEILLE dame polonaise habitait, en Autriche[3] ... je vous parle là d'une cinquantaine[4] d'années ... un domaine[5] forestier,[6] où l'on trouvait encore parmi[7] des futaies[8] très anciennes des loups[9] et des ours. On y captura une ourse, un peu blessée, que la dame fit soigner et guérir chez elle, qui s'apprivoisa[10] le mieux du monde,   5
au point de suivre comme une chienne et de coucher sur le tapis[11] du salon.

Un jour que la vieille dame se rendait par un sentier[12] de la forêt

---

1. gros animal sauvage noir (blanc, brun, ou gris)
2. *adjectif dérivé du mot* «Pologne», nom d'un pays de l'Europe centrale
3. pays de l'Europe centrale
4. nombre de cinquante ou environ
5. terre importante que quelqu'un possède
6. qui a rapport aux forêts
7. au milieu de
8. bois de grands arbres
9. animaux sauvages qui ressemblent à de grands chiens
10. devint familier
11. pièce d'étoffe qui couvre le plancher
12. chemin étroit

à une de ses métairies,[13] elle s'aperçoit que Mâcha, son ourse familière, la suit.

— Non, Mâcha, lui dit-elle, vous ne viendrez pas à la ferme, retournez à la maison.

5   Refus de Mâcha, qui s'obstine, et que la dame polonaise reconduit elle-même pour l'enfermer,[14] sous bonne garde, au salon.

Dans la forêt, elle entend de nouveau un trot sourd[15] sur les aiguilles[16] de sapin;[17] elle se retourne et voit accourir[18] ... Mâcha, Mâcha, qui la rejoint rapidement et s'arrête court devant elle:

10   — Oh! Mâcha! s'écrie la vieille dame, je vous avais défendu de me suivre! Je suis très fâchée contre vous! Je vous ordonne de vous en aller à la maison! Allez, allez-vous-en!

Et elle ponctue[19] ce discours, pan![20] pan! de deux petits coups de son ombrelle sur le museau de Mâcha. Celle-ci regarde sa maîtresse
15 d'un œil indécis,[21] fait un bond de côté, et disparaît[22] dans la forêt...

— J'ai eu tort, pense la vieille dame. Mâcha ne va plus[23] vouloir rentrer du tout, elle est vexée. Elle va terroriser les moutons et le bétail[24] ... Je vais retourner à la maison et faire chercher Mâcha.

Elle rebrousse chemin,[25] ouvre la porte du salon, et trouve ...
20 Mâcha, Mâcha qui n'avait pas bougé, Mâcha sans reproche[26] qui somnolait[27] sur le tapis! La bête, dans le bois, c'était tout bonnement[28] *un autre ours,* qui accourait pour manger la vieille dame,

13. domaines ruraux exploités par des fermiers pour un propriétaire
14. mettre dans un lieu sûr
15. qu'on n'entend pas bien
16. feuilles étroites des conifères *(arbres)*
17. grand arbre toujours vert
18. venir en courant
19. accentue
20. *exclamation exprimant un bruit soudain*
21. non décidé
22. cesse d'être visible
23. *marque que quelque chose a fini d'être*
24. ensemble des animaux de pâture
25. retourne en arrière
26. innocente
27. dormait peu profondément
28. simplement

mais qui, gratifié de[29] deux petits coups d'ombrelle et semoncé[30] comme un simple caniche,[31] s'était dit:

— Cette personne autoritaire[32] détient[33] assurément une puissance[34] mystérieuse autant qu'illimitée[35] ... Fuyons!

Mais, tout de même,[36] si l'autre ours, l'ours sauvage avait su que   5
la dame, la péremptoire[37] vieille dame, n'était armée que d'une petite ombrelle en coton rose ... hein?

COLETTE[38]
(La Paix chez les Bêtes,
© *Fayard)*

EXPRESSIONS IDIOMATIQUES

Employez chacune des expressions suivantes dans une phrase qui en fera bien comprendre le sens:

1. avoir tort.   2. se fâcher contre.   3. rebrousser chemin.

29. accordé
30. réprimandé
31. espèce de chien
32. qui cherche à imposer son autorité
33. a; possède
34. grande force
35. sans limites
36. après tout
37. qui n'accepte pas de réponse
38. romancière: 1873-1954

16

La Ficelle

SUR toutes les routes de Goderville,[1] les paysans et leurs femmes
s'en venaient vers[2] le bourg;[3] car c'était jour de marché. Les mâles
allaient, à pas tranquilles, tout le corps en avant à chaque mouvement de leurs longues jambes torses,[4] déformées par les rudes travaux, par la pesée sur la charrue qui fait en même temps monter
l'épaule gauche et dévier[5] la taille,[6] par le fauchage[7] des blés qui
fait écarter[8] les genoux pour prendre un aplomb[9] solide, par toutes
les besognes lentes et pénibles de la campagne. Leur blouse bleue,
empesée,[10] brillante, comme vernie,[11] ornée[12] au col et aux poi-

5

1. petite ville de Normandie
2. s'approchaient de
3. petite ville
4. difformes ou mal formées
5. plier
6. partie du corps entre les jambes et les épaules
7. action de couper avec la faux, outil qu'on emploie pour couper le blé
8. séparer
9. une position
10. preparée avec l'amidon, substance qui rend la surface moins souple et plus chic
11. recouverte d'une substance qui rend la surface brillante
12. décorée

gnets[13] d'un petit dessin de fil blanc, gonflée[14] autour de leur torse[15] osseux,[16] semblait un ballon prêt à s'envoler,[17] d'où sortaient une tête, deux bras et deux pieds.

Les uns tiraient au bout d'une corde une vache, un veau. Et leurs femmes, derrière l'animal, lui fouettaient[18] les reins[19] d'une branche encore garnie[20] de feuilles, pour hâter[21] sa marche. Elles portaient au bras de larges paniers d'où sortaient des têtes de poulets par-ci, des têtes de canards[22] par-là. Et elles marchaient d'un pas plus court et plus vif que leurs hommes, la taille sèche,[23] droite et drapée dans un petit châle[24] étriqué,[25] épinglé[26] sur leur poitrine plate, la tête enveloppée d'un linge blanc collé[27] sur les cheveux et surmontée d'un bonnet.

Puis un char à bancs[28] passait, au trot saccadé[29] d'un bidet,[30] secouant[31] étrangement deux hommes assis côte à côte[32] et une femme dans le fond du véhicule, dont elle tenait le bord, pour atténuer[33] les durs cahots.[34]

Sur la place de Goderville, c'était une foule, une cohue[35] d'hu-

13. parties du corps où les mains s'attachent aux bras
14. rendue plus grosse
15. partie principale du corps
16. de la nature des os
17. quitter la terre
18. frappaient
19. partie arrière du dos
20. décorée
21. accélérer
22. oiseaux de ferme qui vivent beaucoup dans l'eau
23. maigre
24. pièce d'étoffe tricotée qui couvre les épaules
25. très étroit
26. attaché avec une épingle
27. très bien ajusté
28. voiture à bancs disposés d'un côté à l'autre
29. brusque et irrégulier
30. petit cheval
31. remuant avec force
32. à côté l'un de l'autre
33. diminuer la force
34. sauts faits par un véhicule roulant sur un chemin inégal
35. foule confuse

mains et de bêtes mélangés.[36] Les cornes des bœufs, les hauts chapeaux à longs poils des paysans riches et les coiffes[37] des paysannes
émergeaient à la surface de l'assemblée. Et les voix criardes,[38]
aigues,[39] glapissantes[40] formaient une clameur continue et sauvage,
5 que dominait parfois un grand éclat[41] poussé par la robuste poitrine d'un campagnard en gaieté,[42] ou le long meuglement[43] d'une
vache attachée au mur d'une maison.

Tout cela sentait l'étable, le lait et le fumier,[44] le foin et la sueur,
dégageait[45] cette saveur[46] aigre,[47] affreuse, humaine et bestiale,
10 particulière aux gens des champs.

Maître[48] Hauchecorne, de Bréauté, venait d'arriver à Goderville
et il se dirigeait vers la place, quand il aperçut par terre un petit
bout de ficelle. Maître Hauchecorne, économe en vrai Normand,
pensa que tout était bon à ramasser qui peut servir; et il se baissa
15 péniblement, car il souffrait de rhumatismes. Il prit, par terre, le
morceau de corde mince et il se disposait à le rouler avec soin quand
il remarqua, sur le seuil[49] de sa porte, maître Malandain, le bourrelier,[50] qui le regardait. Ils avaient eu des affaires ensemble au sujet
d'un licol[51] autrefois et ils étaient restés fâchés, étant rancuniers[52]
20 tous deux. Maître Hauchecorne fut pris d'une sorte de honte[53]

36. mis ensemble
37. coiffures féminines en tissu léger
38. désagréables
39. perçantes
40. criant comme de petits chiens
41. grand bruit; gros rire
42. en belle humeur
43. cri du bœuf, etc.
44. mélange de paille et d'excrément d'animaux
45. produisait
46. impression faite sur l'organe du goût
47. désagréable
48. nom qu'on donne en Normandie aux paysans propriétaires
49. morceau de bois ou de pierre au bas d'une porte
50. celui qui fait et vend les harnais
51. pièce de cuir ou de corde autour du cou d'un cheval pour l'attacher ou le
conduire
52. qui gardent un ressentiment caché d'une offense
53. sentiment d'avoir mal fait

d'être vu ainsi par son ennemi cherchant dans la crotte[54] un bout
de ficelle. Il cacha brusquement sa trouvaille[55] sous sa blouse, puis
dans la poche de sa culotte; puis il fit semblant[56] de chercher encore
par terre quelque chose qu'il ne trouvait point, et il s'en alla vers
le marché, la tête en avant, courbé en deux par ses douleurs.   5

Il se perdit aussitôt dans la foule criarde et lente, agitée par les
interminables marchandages.[57] Les paysans tâtaient[58] les vaches,
s'en allaient, revenaient, perplexes, toujours dans la crainte d'être
mis dedans,[59] n'osant jamais se décider, épiant[60] l'œil du vendeur,
cherchant sans fin à découvrir la ruse de l'homme et le défaut de la 10
bête.

Les femmes, ayant posé[61] à leurs pieds leurs grands paniers, en
avaient tiré leurs volailles[62] qui gisaient[63] par terre, liées[64] par les
pattes, l'œil effaré, la crête[65] écarlate.[66]

Elles écoutaient les propositions, maintenaient leurs prix, l'air 15
sec,[67] le visage impassible, ou bien tout à coup, se décidant au ra-
bais[68] proposé, criaient au client qui s'éloignait lentement:

— C'est dit, maît' Anthime. J'vous l'donne.

Puis, peu à peu, la place se dépeupla,[69] et l'Angélus[70] sonnant
midi, ceux qui demeuraient trop loin se répandirent dans les au- 20
berges.[71]

54. excrément et boue (terre mouillée et épaisse) de la rue
55. chose trouvée heureusement
56. feignit; donna l'impression
57. discussions des prix
58. touchaient en pressant
59. être trompés
60. observant secrètement
61. mis (*dans un endroit*)
62. oiseau(x) qu'on élève dans une ferme (*basse-cour*)
63. étaient couchées
64. attachées
65. partie rouge de la tête de certains oiseaux
66. rouge
67. froid; dur
68. à la réduction de prix
69. perdit ses gens
70. cloche d'église
71. petits hôtels de campagne

Chez Jourdain, la grande salle était pleine de mangeurs, comme la vaste cour était pleine de véhicules de toute race: charrettes,[72] cabriolets,[73] chars à bancs, tilburys,[74] carrioles[75] innommables,[76] jaunes de crotte, déformées, rapiécées,[77] levant au ciel, comme deux
5 bras, leurs brancards,[78] ou bien le nez par terre et le derrière en l'air.

Tout contre les dîneurs attablés,[79] l'immense cheminée, pleine de flamme claire, jetait une chaleur[80] vive dans le dos de la rangée[81] de droite. Trois broches[82] tournaient, chargées de poulets, de
10 pigeons et de gigots;[83] et une délectable odeur de viande rôtie[84] et de jus[85] ruisselait sur la peau rissolée,[86] s'envolait[87] de l'âtre,[88] allumait les gaietés, mouillait les bouches.

Toute l'aristocratie de la charrue[89] mangeait là, chez Maît' Jourdain, aubergiste et maquignon,[90] un malin[91] qui avait des écus.
15 Les plats passaient, se vidaient comme les brocs[92] de cidre jaune. Chacun racontait ses affaires, ses achats[93] et ses ventes,[94] on prenait des nouvelles des récoltes. Le temps était bon pour les verts,[95] mais

72. voitures à deux roues pour porter des poids lourds
73. voitures légères à deux roues
74. cabriolets légers à deux places
75. petites charrettes couvertes
76. qui ne méritent pas de nom
77. auxquelles on a mis des pièces
78. pièces de bois entre lesquelles est attelé (*attaché*) le cheval
79. assis à table
80. état de ce qui est chaud
81. série de personnes sur une même ligne
82. pièces de fer pour faire cuire la viande
83. cuisses (*parties supérieures des jambes*) de mouton, d'agneau
84. cuite à la broche
85. liquide tiré de la viande
86. dorée par l'action de cuire
87. montait
88. foyer de la cheminée
89. cultivateurs les plus riches
90. marchand de chevaux
91. homme rusé, qui sait tromper
92. grands vases
93. actions d'acheter
94. actions de vendre
95. herbes des pâturages

un peu mucre[96] pour les blés. Tout à coup le tambour[97] roula, dans la cour, devant la maison. Tout le monde aussitôt fut debout, sauf quelques indifférents, et on courut à la porte, aux fenêtres, la bouche encore pleine et la serviette à la main.

Après qu'il eut terminé son roulement, le crieur public lança 5 d'une voix saccadée, scandant[98] ses phrases à contre-temps:[99]

«Il est fait assavoir[100] aux habitants de Goderville, et en général à toutes ... les personnes présentes au marché, qu'il a été perdu ce matin sur la route de Beuzeville, entre ... neuf heures et dix heures, un portefeuille en cuir noir, contenant cinq cents francs et des 10 papiers d'affaires. On est prié de le rapporter ... à la mairie, incontinent,[101] ou chez maître Fortuné Houlbrèque, de Manneville. Il y aura vingt francs de récompense.»

Puis l'homme s'en alla. On entendit encore une fois au loin des battements[102] sourds de l'instrument et la voix affaiblie du crieur. 15

Alors on se mit à parler de cet événement, en énumérant les chances qu'avait maître Houlbrèque de retrouver ou de ne pas retrouver son portefeuille.

Et le repas s'acheva.

On finissait le café, quand le brigadier de gendarmerie[103] parut 20 sur le seuil.

Il demanda:

«Maître Hauchecorne, de Bréauté, est-il ici?»

Maître Hauchecorne, assis à l'autre bout de la table, répondit:

«Me v'là.» 25

Et le brigadier reprit:

---

96. trop humide (*mot normand*)
97. instrument (*de musique*) de forme cylindrique sur lequel on frappe avec deux baguettes ou bâtons
98. séparant nettement les syllabes
99. mal à propos
100. On informe
101. immédiatement
102. actions de battre; chocs
103. corps des gendarmes

«Maître Hauchecorne, voulez-vous avoir la complaisance de[104] m'accompagner à la mairie. M. le maire voudrait vous parler.»

Le paysan, surpris, inquiet, avala[105] d'un coup[106] son petit verre, se leva et, plus courbé encore que le matin, car les premiers pas
5   après chaque repos étaient particulièrement difficiles, il se mit en route en répétant:

— Me v'là, me v'là.

Et il suivit le brigadier.

Le maire l'attendait, assis dans un fauteuil. C'était le notaire de
10 l'endroit, homme gros, grave, à phrases pompeuses.

— Maître Hauchecorne, dit-il, on vous a vu ce matin ramasser, sur la route de Beuzeville, le portefeuille perdu par maître Houl-brèque, de Manneville.

Le campagnard,[107] interdit,[108] regardait le maire, apeuré[109] déjà
15 par ce soupçon[110] qui pesait sur lui, sans qu'il comprît pourquoi.

— Mé,[111] mé, j'ai ramassé çu[112] portefeuille?

— Oui, vous-même.

— Parole d'honneur, je n'en ai seulement point eu connais-sance.[113]
20 — On vous a vu.

— On m'a vu, mé? Qui ça qui m'a vu?

— M. Malandain, le bourrelier.

Alors le vieux se rappela, comprit et, rougissant de colère:

— Ah! i m'a vu, çu manant![114] I m'a vu ramasser c'te ficelle-là,
25 tenez, m'sieu le maire.

104. voulez-vous bien
105. fit descendre par la gorge
106. sans interruption
107. personne qui habite la campagne
108. troublé
109. effrayé
110. opinion défavorable fondée sur de simples conjectures
111. *forme populaire de* moi
112. *forme populaire de* ce
113. n'en savais rien
114. cet homme grossier, incivil

Et, fouillant au fond de sa poche, il en retira le petit bout de corde.

Mais le maire, incrédule, remuait la tête.

— Vous ne me ferez pas accroire,[115] maître Hauchecorne, que M. Malandain, qui est un homme digne de foi,[116] a pris ce fil pour un portefeuille. 5

Le paysan, furieux, leva la main, cracha de côté pour attester son honneur, répétant:

— C'est pourtant la vérité du bon Dieu, la sainte vérité, M'sieu le maire. Là, sur mon âme[117] et mon salut,[118] je l'répète. 10

Le maire reprit:

— Après avoir ramassé l'objet, vous avez même encore cherché longtemps dans la boue, si quelque pièce de monnaie ne s'en était pas échappée.

Le bonhomme suffoquait d'indignation et de peur. 15

— Si on peut dire! ... si on peut dire ... des menteries[119] comme ça pour dénaturer[120] un honnête homme! Si on peut dire! ...

Il eut beau protester,[121] on ne le crut pas.

Il fut confronté avec M. Malandain, qui répéta et soutint son affirmation. Ils s'injurièrent[122] une heure durant. On fouilla, sur 20 sa demande, maître Hauchecorne. On ne trouva rien sur lui.

Enfin, le maire, fort perplexe, le renvoya, en le prévenant qu'il allait aviser[123] le parquet[124] et demander des ordres.

La nouvelle s'était répandue.[125] A sa sortie de la mairie, le vieux fut entouré, interrogé avec une curiosité sérieuse ou goguenarde,[126] 25

115. croire (ce qui n'est pas vrai)
116. qui mérite la confiance
117. principe spirituel qui maintient le corps en vie
118. bonheur éternel
119. mensonges
120. attaquer la réputation de
121. Il protesta en vain
122. échangèrent des insultes
123. informer
124. les magistrats
125. s'était fait connaître partout
126. insolente

mais où n'entrait aucune indignation. Et il se mit à raconter l'histoire de la ficelle. On ne le crut pas. On riait.

Il allait, arrêté par tous, arrêtant ses connaissances,[127] recommençant sans fin son récit[128] et ses protestations, montrant ses
5   poches retournées, pour prouver qu'il n'avait rien.

On lui disait:

— Vieux malin, va![129]

Et il se fâchait, s'exaspérant, enfiévré,[130] désolé de n'être pas cru,
ne sachant que faire, et contant[131] toujours son histoire.
10   La nuit vint. Il fallait partir. Il se mit en route avec trois voisins
à qui il montra la place où il avait ramassé le bout de corde; et tout
le long du chemin il parla de son aventure.

Le soir, il fit une tournée dans le[132] village de Bréauté, afin de la
dire à tout le monde. Il ne rencontra que des incrédules.
15   Il en fut malade toute la nuit.

Le lendemain, vers une heure de l'après-midi, Marius Paumelle,
valet de ferme[133] de maître Breton, cultivateur à Ymauville, rendait
le portefeuille et son contenu à maître Houlbrèque, de Manneville.

Cet homme prétendait avoir, en effet, trouvé l'objet sur la route;
20   mais, ne sachant pas lire, il l'avait rapporté à la maison et donné à
son patron.

La nouvelle se répandit aux environs. Maître Hauchecorne en
fut informé. Il se mit aussitôt en tournée et commença à narrer[134]
son histoire complétée du dénouement.[135] Il triomphait.
25   — C'qui m'faisait deuil,[136] disait-il, c'est point tant la chose,

---

127. personnes qu'on connaît
128. ce que quelqu'un raconte
129. bien sûr (*sarcastique*)
130. excité
131. racontant
132. le tour du
133. travailleur de ferme
134. raconter
135. solution de l'affaire
136. rendait triste

comprenez-vous; mais c'est la menterie. Y a rien qui vous nuit[137] comme d'être en réprobation pour une menterie.

Tout le jour il parlait de son aventure, il la contait sur les routes aux gens qui passaient, au cabaret aux gens qui buvaient, à la sortie de l'église le dimanche suivant. Il arrêtait des inconnus pour la leur   5 dire. Maintenant, il était tranquille, et pourtant quelque chose le gênait sans qu'il sût au juste ce que c'était. On avait l'air de plaisanter en l'écoutant. On ne paraissait pas convaincu. Il lui semblait sentir des propos[138] derrière son dos.

Le mardi de l'autre semaine, il se rendit au marché de Goderville 10 uniquement poussé par le besoin de conter son cas.

Malandain, debout sur sa porte, se mit à rire en le voyant passer. Pourquoi?

Il aborda[139] un fermier de Criquetot, qui ne le laissa pas achever et, lui jetant une tape[140] dans le creux[141] de son ventre, lui cria par 15 la figure: «Gros malin, va.» Puis lui tourna les talons.[142]

Maître Hauchecorne demeura interdit et de plus en plus inquiet. Pourquoi l'avait-on appelé «gros malin»?

Quand il fut assis à table, dans l'auberge de Jourdain, il se remit à expliquer l'affaire.   20

Un maquignon de Montivilliers lui cria:

— Allons, allons,[143] vieille pratique,[144] je la connais, ta ficelle!

Hauchecorne balbutia:

— Puisqu'on l'a retrouvé, çu portefeuille!

Mais l'autre reprit: 25

— Tais-té, mon pé,[145] y en a un qui trouve, et y en a un qui r'porte. Ni vu ni connu, je t'embrouille.[146]

137. fait du mal
138. observations critiques
139. s'approcha de (pour lui parler)
140. un coup de main
141. la dépression
142. parties arrière des pieds
143. *interjection qui marque l'incrédulité ou l'impatience*
144. individu malhonnête
145. *mot populaire pour* père
146. je suis sûr que tu en sais quelque chose

Le paysan resta suffoqué.[147] Il comprenait enfin. On l'accusait d'avoir fait reporter le portefeuille par un compère,[148] par un complice.[149]

Il voulut protester. Toute la table se mit à rire.

5 Il ne put achever son dîner et s'en alla, au milieu des moqueries.

Il rentra chez lui, honteux et indigné, étranglé[150] par la colère, par la confusion, d'autant plus atterré qu'il était capable, avec sa finauderie[151] de Normand, de faire ce dont on l'accusait, et même de s'en vanter[152] comme d'un bon tour. Son innocence lui appa-
10 raissait confusément comme impossible à prouver, sa malice étant connue. Et il se sentait frappé au cœur par l'injustice du soupçon.

Alors il recommença à conter l'aventure, en allongeant[153] chaque jour son récit, ajoutant chaque fois des raisons nouvelles, des protestations plus énergiques, des serments plus solennels qu'il imagi-
15 nait, qu'il préparait dans ses heures de solitude, l'esprit[154] uniquement occupé de l'histoire de la ficelle. On le croyait d'autant moins que sa défense était plus compliquée et son argumentation plus subtile.

— Ça, c'est des raisons d'menteux,[155] disait-on derrière son dos.

20 Il le sentait, se rongeait les sangs,[156] s'épuisait[157] en efforts inu-
tiles.[158]

Il dépérissait[159] à vue d'œil.[160]

Les plaisants[161] maintenant lui faisaient conter «la Ficelle» pour

147. bien troublé
148. personne qui en seconde une autre pour tromper d'autres personnes
149. personne qui a part au crime d'un autre
150. la respiration coupée
151. caractère de celui qui est rusé
152. en être excessivement content
153. rendant plus long
154. ce qui permet à l'homme de penser et de comprendre
155. menteur (*celui qui dit ce qui n'est pas vrai*)
156. se tourmentait
157. se fatiguait excessivement
158. faits en vain
159. devenait progressivement plus faible
160. d'une manière très évidente
161. ceux qui cherchent à faire rire

s'amuser, comme on fait conter sa bataille au soldat qui a fait campagne. Son esprit, atteint à fond,[162] s'affaiblissait.[163]

Vers la fin de décembre, il s'alita.[164]

Il mourut dans les premiers jours de janvier, et, dans le délire de l'agonie, il attestait son innocence, répétant: 5

— Une 'tite ficelle ... une 'tite ficelle ... t'nez, la voilà, m'sieu le maire.

GUY DE MAUPASSANT
(Miss Harriet)

EXPRESSIONS IDIOMATIQUES

Employez chacune des expressions suivantes dans une phrase qui en fera bien comprendre le sens:

1. au loin. 2. avoir beau. 3. de plus en plus. 4. faire semblant de. 5. se mettre en route. 6. peu à peu.

---

162. complètement affecté
163. devenait plus faible
164. se mit au lit pour cause de maladie

17

Le Billet de Troisième

EN CE temps-là je cherchais du travail. Fort heureusement c'était
à l'époque où personne ne pouvait en trouver nulle part, si bien
que mon incapacité et mon absence de titres[1] ne me gênaient pas
particulièrement dans mes recherches.[2]

5   Depuis trois mois j'avais frappé à toutes les portes, mis en mouvement tous les amis, demi-amis et quart d'amis imaginables. Rien ne
venait. Un vieux cousin m'avait chargé de vendre pour lui une collection de chandeliers Louis XVI,[3] orgueil[4] de sa vie et tout son
capital; j'avais réussi à vendre quelques pièces à des antiquaires[5]
10 de la rive[6] gauche, qui m'avaient regardé un peu drôlement comme
si je venais de cambrioler[7] un musée, mais m'avaient enfin donné
un peu d'argent, avec lequel j'avais pu vivoter[8] quelque temps.
Mais le jour vint où il fallut songer aux résolutions extrêmes; après

1. qualifications; qualités
2. action de chercher avec soin
3. 1754-1793; roi de France (1774-1792)
4. sentiment qu'on vaut beaucoup, qu'on est au-dessus des autres
5. marchands d'objets d'art et de meubles anciens
6. bord d'une rivière (La rive gauche ou sud de la Seine à Paris est tradition-
nellement associée aux étudiants et aux artistes.)
7. voler
8. vivre avec peine

les avoir toutes passées en revue, je me décidai pour celle qui consistait à attendre l'intervention de la Providence.

Me croie[9] qui voudra, la Providence intervint aussitôt, et brutalement. Elle se manifesta, comme elle aime à le faire, sous les traits[10] d'un petit télégraphiste. Le télégramme disait: Affaire arrangée avec Fechsen stop t'attends Grenoble[11] dès demain stop viens directement studio Besace. Besace, c'est celui de mes amis qui a réussi. Il est dans le cinéma. C'est un personnage, et il gagne énormément d'argent. En ce temps-là, il était assistant de Fechsen, l'illustre metteur en scène[12] danois.[13] Je lui avais bien demandé de me trouver quelque chose là-dedans, mais je pensais qu'il m'avait oublié, ou qu'il n'avait rien pu faire, et son télégramme me surprit presque autant qu'il me fit plaisir. Cette fois, ça y était! J'entrais dans le cinéma! Pour faire quoi? c'était une question accessoire;[14] je serais probablement assistant de mon ami l'assistant, ou en tout cas assistant de son assistant à lui; je me promènerais dans les studios en tutoyant[15] des actrices, j'enverrais, moi aussi, des télégrammes avec le mot «stop» et je garderais mon taxi toute la journée; ce serait merveilleux! Je ruisselais de joie.

Après une heure de ruissellement, je conçus des pensées un peu plus sages,[16] et un peu moins glorieuses. Je compris que, si je voulais arriver à quelque chose chez Fechsen, je devais reconstituer ma garde-robe[17] tout entière, des souliers à la cravate. Je connaissais déjà assez la technique cinématographique pour savoir qu'on ne peut se présenter dans un studio que revêtu[18] d'une tenue[19] au

9. Qu'on me croie
10. sous la forme
11. ville française au pied des Alpes
12. celui qui au théâtre ou au cinéma règle les décors, le jeu des acteurs, etc.
13. du Danemark
14. secondaire
15. parlant familièrement à
16. modérées
17. ensemble de vêtements
18. habillé
19. un costume

moins un tout petit peu extravagante. Mon pardessus,[20] mon complet,[21] mes chaussettes auraient fait pouffer[22] jusqu'aux électri-
ciens. Il fallait absolument qu'avant de partir je me misse en uniforme. Il fallait trouver dans Paris, et sans tarder, de quoi me con-
5 stituer un trousseau au moins provisoire.[23] Alors, je sortis pour
chercher de l'argent, et, avant de me mettre en chasse, je télégra-
phiai à Besace que j'accourais, et j'envoyai même un télégramme
à Fechsen, directement: Entendu stop arrive demain matin stop
cordialement. Désormais,[24] je me sentais quelque chose comme le
10 maître du monde.

Je commençai à me promener dans Paris, le télégramme dans ma
poche, et le montrant à tout le monde. Le nom de Fechsen faisait
chaque fois son effet, on me félicitait, et avant trois heures de
l'après-midi j'avais trouvé à emprunter dix-huit cents francs, rien
15 qu'en disant que j'en avais besoin. A sept heures du soir, j'étais
méconnaissable.[25] A la main une valise de cuir presque blanc, j'étais
revêtu d'un magnifique costume de golf, mon torse tentait de se
mouler[26] dans un pull-over gris et bleu, j'avais aux pieds des souliers énormes, confortables et rouges, une casquette[27] sur les yeux,
20 bref, j'étais en tenue de cinéma. Dans la gare de Lyon, à neuf heures
du soir, plusieurs jeunes femmes se retournèrent sur mon passage ...

Un seul point noir. Tant d'achats indispensables avaient réduit
les dix-huit cents francs que j'avais empruntés. Je m'en aperçus en
arrivant au guichet.[28] Grenoble est plus loin de Paris qu'on ne le
25 croit communément.[29] L'employé me demanda froidement deux
cent quatre-vingt-cinq francs quinze, pour un billet de première.
Je lui demandai donc le prix du voyage en seconde classe. Il me le

20. sorte de manteau que portent les hommes
21. costume
22. éclater de rire
23. temporaire
24. A partir de ce moment
25. qu'on a peine à reconnaître
26. prendre ses formes
27. coiffure d'homme avec visière
28. petite ouverture derrière laquelle se tiennent les employés
29. généralement

dit. Je repris la parole[30] pour demander à combien il me laisserait le billet de troisième. Cent vingt-cinq francs cinquante, me dit cet homme. C'était tout juste, mais possible.

Je pris mon carton brun,[31] extrêmement ennuyé à l'idée de débarquer sur le quai de Grenoble d'un wagon de troisième. Si jamais 5 Fechsen pouvait s'en douter, c'était un truc[32] à me faire rater[33] toute ma carrière. J'en avais froid dans le dos. Ce fut pire[34] quand je vis que les wagons de troisième, isolés en tête et en queue du train, ne communiquaient pas avec les autres par des soufflets;[35] aucun espoir, donc, de tricher[36] à l'arrivée. Je n'étais pas fier.[37] 10 D'autant plus que mon entrée dans le compartiment, avec une valise neuve, mes gants neufs et mon complet neuf fut un peu gênante. Un militaire et un jeune couple d'ouvriers qui mangeaient au couteau, déjà installés parmi l'odeur et les épluchures,[38] me regardèrent comme si j'eusse été responsable personnellement 15 du régime capitaliste et des lois militaires.

Le voyage commença assez bien. Enfoncé[39] dans mon coin en face du militaire, je me laissais aller à des imaginations agréables. Je repassais dans mon esprit tout ce que je savais du cinéma. Fechsen s'était installé à Grenoble, depuis deux mois, avec sa troupe, 20 son personnel et six cents figurants,[40] pour tourner les extérieurs de son grand film *Mer Blanche,* que l'on annonçait comme l'événement de la saison. C'était une histoire de sports d'hiver, et Fechsen avait choisi Grenoble comme quartier général.[41] Mais, comme il y était arrivé en octobre, il avait dû, faute de neige, construire des 25

30. recommençai à parler
31. billet de troisième
32. une chose
33. manquer
34. plus mauvais
35. couloirs flexibles de communication entre deux voitures de voyageurs
36. tromper
37. Ma vanité était blessée.
38. peaux d'un fruit ou d'un légume
39. Fait très petit
40. personnages secondaires dans une pièce de théâtre, un film
41. lieu où sont établis les bureaux de commandement

studios où des champs de ski avaient été reconstitués avec du bicar-
bonate apporté de Bavière[42] par avion. L'hiver enfin venu, Fechsen
s'était aperçu que sa neige à lui était bien meilleure que la vraie
neige du bon Dieu, et il avait continué à tourner en studio, bien
5 qu'il n'eût plus, naturellement, aucun espoir d'amortir[43] les frais[44]
de construction et d'accessoires. *Mer Blanche* avait déjà coûté six
millions de francs et trente-huit mille mètres de pellicule,[45] sans
qu'on eût atteint[46] la moitié du travail. Fechsen était vraiment, à
cette époque, l'un des maîtres du cinéma européen.
10 Je repassais tout cela en somnolant un peu. Mes trois compa-
gnons dormaient bouches ouvertes. Je sortis un moment, examinai
le couloir, vérifiai l'absence de soufflets, étudiai en me penchant à
la fenêtre les dispositions des marchepieds,[47] pour savoir si je ne
pourrais pas, à contrevoie[48] et en cachette,[49] me faufiler[50] par l'ex-
15 térieur dans un wagon de première. Le contrôleur[51] qui me surprit
dans cet examen parut intrigué et me demanda mon billet comme
on le demande à quelqu'un qui n'en a pas. J'essayai de lui poser[52]
quelques questions sur les stations où devait s'arrêter notre train,
ainsi que sur la gare de Grenoble et ses issues.[53] Mais il ne parut
20 pas disposé à entrer en conversation. Je regagnai mon compartiment et m'endormis pour de bon. A Lyon, le jeune couple d'ouvriers me réveilla en allumant la lampe pour rassembler ses valises
et ses paniers. Le militaire dormait toujours. Je me rendormis et
rêvai de cinéma. Quand je me réveillai, le train avait déjà passé
25 Voiron, nous étions à dix minutes de Grenoble. (J'ai toujours eu

42. état du sud-est de l'Allemagne
43. payer
44. dépenses
45. film
46. fût arrivé à
47. marches de fer qui servent à monter dans une voiture
48. dans le sens contraire
49. secrètement
50. glisser
51. personne chargée de vérifier les billets
52. faire
53. sorties

un assez bon sommeil.) Le militare avait disparu, j'étais seul dans le compartiment. Je me dirigeai vers la toilette pour me refaire une beauté,[54] je recommençais à être fort angoissé à l'idée de descendre d'un wagon de troisième. En longeant le[55] couloir, je vis que j'étais seul dans tout le wagon. Non, pourtant ... Un curé occupait l'un des **5** compartiments, et ...

... Et je fus tout à coup saisi d'horreur. Dans le dernier compartiment, une femme était étendue sur la banquette,[56] bâillonnée,[57] les yeux fermés, le visage très rouge, une main pendait vers le sol. Je perdis un peu la tête. J'entrai dans le compartiment, me penchai **10** vers le corps et dénouai[58] le bâillon; la femme n'était pas morte, son cœur battait. J'eus peur. Quand on découvrirait l'attentat,[59] pensais-je, on ne manquerait pas de m'interroger. Les journaux parleraient. Tout le monde pourrait savoir que j'avais voyagé en troisième classe ... Besace l'apprendrait, et Fechsen avec lui. Impos **15** sible d'expliquer. Et pourtant, Bon Dieu! et pourtant j'avais bien besoin de gagner ma vie! Je ne pouvais pas la manquer, cette chance, cette chance inespérée qui s'offrait à moi ... Non, je ne le pouvais pas ... Ma tête tournait. Je me voyais déjà, honteusement chassé, empruntant à Besace les cent vingt-cinq francs cinquante **20** que je n'avais même pas pour regagner Paris, et, là-bas, tous les amis se moquant de moi.

... La femme n'était pas morte; c'était l'essentiel. Elle se débrouillerait.[60] Le train, déjà, ralentissait.[61] C'était Grenoble. Je revins précipitamment[62] dans mon compartiment, saisis ma belle valise **25** presque blanche, rabattis[63] ma casquette sur mes yeux, et, de cou-

54. me rendre plus beau
55. allant le long du
56. siège des compartiments de train
57. la bouche remplie d'un objet pour l'empêcher de crier
58. défis
59. attaque
60. s'arrangerait pour réussir; trouverait le moyen de sortir de sa difficulté
61. allait plus lentement
62. en me pressant
63. fis descendre

loir en couloir, m'avançai à travers des wagons de troisième à peu
près vides jusqu'à la portière la plus éloignée.[64] Le train entrait en
gare. Il n'était pas arrêté que je sautais sur le quai, où je faillis me
rompre[65] le cou, pour le plus grand plaisir d'un employé, qui me
5   regarda en riant. Je sortis très vite, sans regarder autour de moi, et
me fis conduire en taxi (il me restait vingt-trois francs trente) aux
studios de Fechsen. Je ne fus tranquille que quand je me trouvai
en présence de Besace.

Besace fut très gentil, quoique fort occupé, et me dit qu'il ne
10 pourrait me présenter à Fechsen avant six heures du soir. Mais il
était content de me voir (ma tenue de cinéaste[66] avait semblé lui
plaire), et, quand je lui eus raconté les péripéties[67] de mon départ,
il m'offrit très gentiment[68] de m'avancer cinq cents francs. J'acceptai. Il me conseilla alors de retourner à Grenoble et de prendre
15 une chambre au Grand-Hôtel, où la troupe était installée. Il ne
m'expliqua pas ce qu'on attendait de moi, mais me dit que je serais
content. Je pris un des taxis qui attendaient en permanence[69] devant le studio, et me fis conduire en ville. Je me sentais délivré
d'un grand poids, heureux, léger, bien vêtu, et déjà dans le cinéma
20 jusqu'au cou. Une heure plus tard, après un bon bain, j'étais remis
à neuf;[70] content, rasé de frais, je prenais devant ma glace des poses
de monsieur considérable, et je me préparais à faire la conquête du
nommé Fechsen. On allait voir ce qu'on allait voir ...

Ce qu'on vit, ce fut un inspecteur, qui se présenta à l'hôtel vers
25 deux heures ... Pan! Pan! Pan! Ça n'avait pas été long! Oh! la police
est bien faite! On avait découvert la femme, dès l'arrivée du train
à Grenoble, et l'on s'était mis en chasse[71] tout de suite; on avait
trouvé le chauffeur qui m'avait conduit au studio, celui qui m'en

64. la plus distante
65. je me cassai presque
66. collaborateur technique dans la production d'un film
67. incidents
68. d'une manière aimable
69. d'une façon permanente
70. redonné les qualités du neuf
71. donné la chasse à un criminel

avait ramené. Le curé m'avait vu passer dans le couloir, l'employé m'avait vu sauter du train, le contrôleur avait eu son attention attirée par mon attitude louche[72] et mes questions; le militaire, déjà retrouvé, m'avait repéré[73] pendant le voyage, et tout ce monde était d'accord pour dire que je rabattais volontairement ma casquette   5 sur mon visage ... On me conduisit, discrètement d'ailleurs, au commissariat.[74] J'étais si bouleversé[75] que, naturellement, je paraissais coupable; les explications que je donnais semblaient la plus imbécile des défenses; pourquoi n'avais-je pas donné l'alarme en découvrant la femme? Pourquoi étais-je allé chercher dans le train   10 la sortie la plus lointaine? Pourquoi m'étais-je enfui? Pourquoi, avec de si beaux habits, avais-je voyagé en troisième? J'avais beau donner les vraies explications de tout cela, le commissaire[76] n'en croyait pas un mot ... A six heures du soir, Besace devait m'attendre avec Fechsen ... tout était fini, je n'avais plus qu'à renoncer ... adieu   15 cinéma! ... Ah! pourquoi m'étais-je fait si beau? Pourquoi n'avais-je pas gardé l'argent d'un billet de première, avant de rien acheter! Mais il était trop tard ...

Je passai la nuit au violon;[77] le lendemain, j'étais abruti,[78] fripé,[79] sale, brisé. On avait télégraphié à Paris, et là-bas on avait   20 retrouvé les antiquaires à qui j'avais vendu les chandeliers du vieux cousin. Ils avaient donné sur moi les pires renseignements et l'un d'eux était même un receleur[80] bien connu de la police. Vraiment, l'abîme[81] s'ouvrait sous mes pieds, sous mes beaux souliers rouges qui avaient bien leur part de responsabilité dans tout ce qui m'arri-   25 vait ... Maintenant je ne répondais plus aux questions. Je passai

72. suspecte
73. observé
74. bureau de police
75. très ému
76. magistrat chargé de la police
77. en prison
78. comme une personne stupide
79. mes vêtements étaient en désordre
80. celui qui reçoit et cache un objet **volé**
81. la ruine

tout le jour dans le désespoir,[82] attendant, sans avoir le courage de rien faire, que mon innocence éclatât ...

Elle éclata enfin, comme on pouvait le prévoir, mais le mal était fait. Besace vint trouver le commissaire. D'autres explications
5 arrivèrent de Paris, la police trouva une autre piste[83] ... Ouais![84] J'étais bien avancé[85] ...

Besace fut très correct,[86] mais il me laissa entendre que mon arrivée à Grenoble avait été marquée d'incidents un peu trop visibles et que les débuts par le scandale avaient déjà servi un peu trop
10 souvent; que Fechsen, mis au courant,[87] était entré dans une vraie colère de grand metteur en scène. Bref, Besace me fit comprendre que mieux valait pour tout le monde que je rentrasse à Paris. Comme j'essayais de protester, il devint tout à coup plus sec.

— Mon vieux,[88] me dit-il, n'exagérons pas, hein? Rien n'était signé.
15 Alors je connus que je n'entendais rien au cinéma.

Mais, comprenant quand même que j'étais bien malheureux, Besace ajouta:

— On va pouvoir s'arranger, quoi![89] ... Veux-tu deux mille francs?
20 Il me donna deux mille francs, qui traînaient[90] dans sa poche. Le lendemain j'étais à Paris. Les deux mille francs me servirent d'abord à payer mes dettes; mes amis acceptèrent les remboursements[91] en se moquant de moi ...   PIERRE BOST[92]

(*Pierre Bost,*

Un Grand Personnage,

© *Éditions Gallimard*)

82. sans espoir
83. trace laissée par un animal qu'on chasse
84. *interjection marquant le dédain*
85. avais pris une peine inutile
86. conforme aux règles sociales
87. informé
88. *terme d'adresse familier et amical*
89. *marque l'impatience*
90. qui étaient inactifs
91. paiements des sommes dues
92. 1901-

EXPRESSIONS IDIOMATIQUES

Employez chacune des expressions suivantes dans une phrase qui en fera bien comprendre le sens:

1. se débrouiller.   2. depuis (*présent; imparfait*).   3. entrer en gare.   4. longer.   5. mettre au courant.   6. se mettre en chasse.   7. se moquer de.   8. poser des questions.   9. reprendre la parole.

18

Le Jongleur[1] de Notre-Dame[2]

I

AU TEMPS du roi Louis, il y avait en France un pauvre jongleur, natif de Compiègne,[3] nommé Barnabé, qui allait par les villes, faisant des tours de force et d'adresse.[4]

Les jours de foire,[5] il étendait sur la place publique un vieux tapis tout usé, et, après avoir attiré les enfants et les badauds[6] par des propos plaisants[7] qu'il tenait d'un très vieux jongleur et auxquels il ne changeait jamais rien, il prenait des attitudes qui n'étaient pas naturelles et il mettait une assiette d'étain[8] en équilibre sur son nez. La foule le regardait d'abord avec indifférence.

Mais quand, se tenant sur les mains la tête en bas, il jetait en l'air et rattrapait[9] avec ses pieds six boules[10] de cuivre[11] qui bril-

---

1. homme qui lance en l'air plusieurs objets qu'il reçoit et relance alternativement
2. nom que les catholiques donnent à la mère du Christ
3. ville au nord de Paris
4. actions exigeant de la dextérité, de l'agilité, et de la force
5. fête populaire
6. personnes qui passent leur temps à regarder longtemps ce qu'ils voient
7. paroles qui font rire
8. métal blanc et assez léger
9. reprenait; ressaisissait
10. objets ronds
11. métal d'une couleur entre jaune et rouge

laient au soleil, ou quand, se renversant[12] jusqu'à ce que[13] sa nuque[14] touchât ses talons, il donnait à son corps la forme d'une roue parfaite et jonglait, dans cette posture, avec douze couteaux, un murmure d'admiration s'élevait dans l'assistance et les pièces de monnaie pleuvaient sur le tapis. 5

Pourtant, comme la plupart[15] de ceux qui vivent de leurs talents, Barnabé de Compiègne avait grand'peine à vivre.

Gagnant son pain à la sueur de son front, il portait plus que sa part des misères attachées à la faute d'Adam, notre père.

Encore ne pouvait-il travailler autant qu'il aurait voulu. Pour 10 montrer son beau savoir,[16] comme aux arbres pour donner des fleurs et des fruits, il lui fallait la chaleur du soleil et la lumière du jour. Dans l'hiver, il n'était plus qu'un arbre dépouillé[17] de ses feuilles et quasi[18] mort. La terre gelée[19] était dure au jongleur. Et comme la cigale dont parle Marie de France,[20] il souffrait du froid 15 et de la faim dans la mauvaise saison. Mais, comme il avait le cœur simple, il prenait ses maux en patience.

Il n'avait jamais réfléchi à l'origine des richesses, ni à l'égalité des conditions humaines. Il comptait fermement que, si ce monde est mauvais, l'autre ne pourrait manquer d'être bon, et cette espé- 20 rance le soutenait. Il n'imitait pas les baladins,[21] larrons[22] et mé- créants,[23] qui ont vendu leur âme au diable.[24] Il ne blasphémait jamais le nom de Dieu; il vivait honnêtement, et, bien qu'il n'eût pas de femme, il ne convoitait[25] pas celle du voisin, parce que la

12. courbant le corps en arrière
13. *indique l'arrivée à un terme que l'on ne dépasse pas*
14. partie postérieure du cou
15. le plus grand nombre
16. ensemble de ce qu'on sait
17. dépourvu
18. presque
19. rendue dure par le froid
20. poétesse française (XIIe siècle)
21. jongleurs
22. voleurs
23. personnes qui n'ont pas la foi
24. l'ennemi de Dieu
25. désirait beaucoup

femme est l'ennemie des hommes forts, comme il apparaît par l'histoire de Samson, qui est rapportée dans l'Écriture.[26]

A la vérité, il n'avait pas l'esprit tourné aux désirs charnels,[27] et
il lui en coûtait plus de renoncer aux brocs qu'aux dames. Car,
5 sans manquer à la sobriété, il aimait à boire quand il faisait chaud.
C'était un homme de bien, craignant[28] Dieu, et très dévot à la
sainte Vierge.[29]

Il ne manquait jamais, quand il entrait dans une église, de
s'agenouiller[30] devant l'image de la Mère de Dieu, et de lui adresser
10 cette prière:

«Madame, prenez soin de ma vie jusqu'à ce qu'il plaise à Dieu
que je meure, et quand je serai mort, faites-moi avoir les joies du
paradis.»

Or, un certain soir, après une journée de pluie, tandis qu'[31] il s'en
15 allait, triste et courbé, portant sous son bras ses boules et ses couteaux cachés dans son vieux tapis, et cherchant quelque grange[32]
pour s'y coucher sans souper, il vit sur la route un moine[33] qui suivait le même chemin, et le salua honnêtement. Comme ils marchaient du même pas, ils se mirent à échanger des propos.

20 — Compagnon, dit le moine, d'où vient que vous êtes habillé
tout de vert? Ne serait-ce point pour faire le personnage d'un fol[34]
dans quelque mystère?

— Non point,[35] mon Père, répondit Barnabé. Tel que vous me
voyez, je me nomme Barnabé, et je suis jongleur de mon état.[36] Ce
25 serait le plus bel état du monde si on y mangeait tous les jours.

---

26. la Bible
27. qui appartiennent à la chair, au corps humain
28. ayant peur de
29. la mère de Jésus
30. se mettre à genoux
31. pendant que
32. à la campagne, bâtiment où on met le blé qu'on a coupé
33. religieux qui vit dans un monastère
34. bouffon *ou* fou d'un prince (*vieux français pour fou*)
35. Pas du tout
36. ma profession; mon métier

— Ami Barnabé, reprit le moine, prenez garde à[37] ce que vous dites. Il n'y a pas de plus bel état que l'état monastique. On y célèbre les louanges[38] de Dieu, de la Vierge et des saints, et la vie du religieux est un perpétuel cantique[39] au Seigneur.[40]

Barnabé répondit: 5

— Mon Père, je confesse que j'ai parlé comme un ignorant. Votre état ne se peut comparer au mien, et, quoiqu'[41] il y ait du mérite à danser en tenant au bout du nez un denier[42] en équilibre sur un bâton, ce mérite n'approche pas du vôtre. Je voudrais bien comme vous, mon Père, chanter tous les jours l'office,[43] et spéciale- 10 ment l'office de la très sainte Vierge, à qui j'ai voué[44] une dévotion particulière. Je renoncerais bien volontiers[45] à l'art dans lequel je suis connu, de Soissons à Beauvais,[46] dans plus de six cents villes et villages, pour embrasser la vie monastique.

Le moine fut touché de la simplicité du jongleur, et, comme il 15 ne manquait pas de discernement, il reconnut en Barnabé un de ces hommes de bonne volonté de qui Notre-Seigneur a dit: «Que la paix soit avec eux sur la terre!» C'est pourquoi il lui répondit:

— Ami Barnabé, venez avec moi, et je vous ferai entrer dans le couvent dont je suis prieur.[47] Celui qui conduisit Marie l'Égyp- 20 tienne[48] dans le désert m'a mis sur votre chemin pour vous mener dans la voie[49] du salut.

II

C'est ainsi que Barnabé devint moine. Dans le couvent où il fut

37. faites attention à
38. gloires
39. chant religieux
40. Dieu
41. bien que
42. pièce d'ancienne monnaie française
43. les prières, cérémonies réglées par l'Église
44. consacré; promis de donner
45. avec grand plaisir
46. villes dans le nord de la France
47. supérieur de certains monastères
48. sainte égyptienne
49. le chemin

reçu, les religieux célébraient à l'envi[50] le culte de la sainte Vierge, et chacun employait à la servir tout le savoir et toute l'habileté[51] que Dieu lui avait donnés.

Le prieur, pour sa part, composait des livres qui traitaient,[52] 5 selon les règles de la scolastique,[53] des vertus de la Mère de Dieu.

Le Frère Maurice copiait, d'une main savante,[54] ces traités[55] sur des feuilles de vélin.[56]

Le Frère Alexandre y peignait de fines miniatures. On y voyait la Reine du ciel, assise sur le trône de Salomon,[57] au pied duquel 10 veillent[58] quatre lions; autour de sa tête nimbée[59] voltigeaient[60] sept colombes,[61] qui sont les sept dons[62] du Saint-Esprit:[63] dons de crainte, de piété, de science, de force, de conseil, d'intelligence et de sagesse.[64] Elle avait pour compagnes six vierges aux cheveux d'or: l'Humilité, la Prudence, la Retraite,[65] le Respect, la Virginité 15 et l'Obéissance.

A ses pieds, deux petites figures nues[66] et toutes blanches se tenaient dans une attitude suppliante. C'étaient des âmes qui imploraient, pour leur salut et non, certes, en vain, sa toute-puissante intercession.

20 Le Frère Alexandre représentait sur une autre page Ève en regard de[67] Marie, afin qu'[68] on vît en même temps la faute et la ré-

50. avec émulation
51. la dextérité
52. discutaient sur
53. enseignement philosophique du moyen âge
54. qui sait faire
55. ouvrages (*productions littéraires*)
56. parchemin très fin préparé avec des peaux de veaux mort-nés
57. fils et successeur de David, roi d'Israël
58. montent la garde
59. cercle lumineux représenté autour de la tête de Dieu ou des saints
60. volaient en plusieurs endroits, çà et là
61. pigeons
62. présents
63. troisième personne (avec le Père et le Fils) de la Sainte-Trinité
64. discernement de ce qui est bon et juste
65. vie éloignée du monde
66. qui n'ont pas d'habits
67. par comparaison avec
68. pour que

demption, la femme humiliée et la Vierge exaltée. On admirait encore dans ce livre le Puits des eaux vives,[69] la Fontaine, le Lis,[70] la Lune, le Soleil et le Jardin clos dont il est parlé dans le Cantique, la Porte du Ciel et la Cité de Dieu, et c'étaient là des images de la Vierge.   5

Le Frère Marbode était semblablement un des plus tendres enfants de Marie.

Il taillait sans cesse des images de pierre, en sorte qu'il avait la barbe, les sourcils et les cheveux blancs de poussière, et que ses yeux étaient perpétuellement gonflés et larmoyants;[71] mais il était plein 10 de force et de joie dans un âge avancé et, visiblement, la Reine du paradis protégeait la vieillesse de son enfant. Marbode la représentait assise dans une chaire,[72] le front ceint[73] d'un nimbe à orbe perlé.[74] Et il avait soin que les plis de la robe couvrissent les pieds de celle dont le prophète a dit: «Ma bien-aimée est comme un jar- 15 din clos.»

Parfois aussi il la figurait sous les traits d'un enfant plein de grâce, et elle semblait dire: «Seigneur, vous êtes mon Seigneur! — *Deus meus es tu.*»[75]

Il y avait aussi, dans le couvent, des poètes, qui composaient, en 20 latin, des proses et des hymnes en l'honneur de la bienheureuse[76] vierge Marie, et même il s'y trouvait un Picard[77] qui mettait les miracles de Notre-Dame en langue vulgaire[78] et en vers rimés.

Voyant un tel concours de louanges et une si belle moisson d'œuvres, Barnabé se lamentait de son ignorance et de sa simplicité. 25

— Hélas, soupirait-il en se promenant seul dans le petit jardin

69. eaux de la source éternelle
70. fleur qui est le symbole de la pureté
71. qui versent des larmes
72. un siège
73. entouré
74. globe orné de perles
75. *formule latine signifiant* Vous êtes mon Seigneur.
76. très heureuse
77. personne qui habite la Picardie, ancienne province dans le nord de la France
78. populaire

sans ombre du couvent, je suis bien malheureux de ne pouvoir, comme mes frères, louer dignement la sainte Mère de Dieu, à laquelle j'ai voué la tendresse de mon cœur. Hélas! hélas! je suis un homme rude et sans art, et je n'ai pour votre service, madame la
5 Vierge, ni sermons édifiants, ni traités bien divisés selon les règles, ni fines peintures, ni statues exactement taillées, ni vers comptés par pieds et marchant en mesure. Je n'ai rien, hélas!

Il gémissait de la sorte et s'abandonnait à la tristesse. Un soir que les moines se récréaient en conversant, il entendit l'un d'eux conter
10 l'histoire d'un religieux qui ne savait réciter autre chose qu'*Ave Maria*. Ce religieux était méprisé pour son ignorance; mais, étant mort, il lui sortit de la bouche cinq roses en l'honneur des cinq lettres du nom de Marie, et sa sainteté fut ainsi manifestée.

En écoutant ce récit, Barnabé admira une fois de plus la bonté
15 de la Vierge; mais il ne fut pas consolé par l'exemple de cette mort bienheureuse, car son cœur était plein de zèle et il voulait servir la gloire de sa dame qui est aux cieux.

Il en cherchait le moyen sans pouvoir le trouver et il s'affligeait[79] chaque jour davantage,[80] quand un matin, s'étant réveillé tout
20 joyeux, il courut à la chapelle et y demeura seul pendant plus d'une heure. Il y retourna l'après-dîner.

Et, à compter de ce moment, il allait chaque jour dans cette chapelle, à l'heure où elle était déserte, et il y passait une grande partie du temps que les autres moines consacraient aux arts libéraux et
25 aux arts mécaniques. Il n'était plus triste et il ne gémissait plus.

Une conduite[81] si singulière éveilla la curiosité des moines.

On se demandait, dans la communauté,[82] pourquoi le frère Barnabé faisait des retraites si fréquentes.[83]

Le prieur, dont le devoir est de ne rien ignorer de la conduite de
30 ses religieux, résolut d'observer Barnabé pendant ses solitudes. Un

79. s'abandonnait à la tristesse
80. plus
81. façon de se gouverner ou de se conduire
82. société religieuse
83. se retirait si souvent pour des méditations

jour donc que celui-ci était renfermé, comme à son ordinaire, dans la chapelle, dom[84] prieur vint, accompagné de deux anciens du couvent, observer, à travers les fentes[85] de la porte, ce qui se passait à l'intérieur.

Ils virent Barnabé qui, devant l'autel[86] de la sainte Vierge, la tête en bas, les pieds en l'air, jonglait avec six boules de cuivre et douze couteaux. Il faisait, en l'honneur de la sainte Mère de Dieu, les tours qui lui avaient valu le plus de louanges. Ne comprenant pas que cet homme simple mettait ainsi son talent et son savoir au service de la sainte Vierge, les deux anciens criaient au sacrilège.   10

Le prieur savait que Barnabé avait l'âme innocente; mais il le croyait tombé en démence.[87] Ils s'apprêtaient[88] tous trois à le tirer vivement de la chapelle, quand ils virent la sainte Vierge descendre les degrés[89] de l'autel pour venir essuyer d'un pan[90] de son manteau bleu la sueur qui dégouttait[91] du front du jongleur.   15

Alors le prieur, se prosternant, le visage contre la dalle,[92] récita ces paroles:

— Heureux les simples, car ils verront Dieu!

— «Amen!» répondirent les anciens en baisant[93] la terre.

ANATOLE FRANCE[94]
(L'Étui de Nacre,
© *Calmann-Lévy*)

84. titre donné à certains religieux
85. petites ouvertures en long
86. table sur laquelle on célèbre la messe (*sacrifice du corps et du sang de Jésus-Christ*) dans l'église
87. fou
88. préparaient
89. marches
90. partie d'un vêtement
91. coulait goutte à goutte
92. plaque de marbre ou de pierre dure pour paver une église
93. posant les lèvres sur quelque chose en signe d'affection ou de respect
94. 1844-1924

EXPRESSIONS IDIOMATIQUES

Employez chacune des expressions suivantes dans une phrase qui en fera bien comprendre le sens:

1. à compter de.   2. avoir grand'peine à.   3. en bas.   4. en l'honneur de.   5. en sorte que.   6. faire entrer.   7. manquer de (quelque chose).   8. se nommer.   9. plus de.   10. prendre garde à.   11. se trouver (il).

19

Malchance[1] Allemande[2]

LA COUR d'honneur, la grande avenue forestière, furent bientôt
envahies.[3] Les automobiles, les cavaliers,[4] les patrouilles[5] de soldats, les régiments même[6] ne cessaient de passer devant la façade
blanche et basse, aux[7] fenêtres arrondies,[8] que flanquaient deux
pavillons carrés, demeure[9] de luxe et de repos, tout à coup violée 5
dans son silence et dans sa grâce rurale. Le premier soir, tous les
officiers allemands s'enivrent[10] des vins et des liqueurs de la cave,
et le second jour de même.[11] Ils avaient demandé la clef, et se
croyaient, dès lors, tout permis. Dans les escaliers, dans le parc, ils ne
saluaient pas madame de Chelles, mais s'ils devaient lui parler, ce 10
qui arrivait presque à toute heure, pour lui réclamer de l'avoine,[12]

1. Mauvaise chance
2. *adjectif dérivé du mot* Allemagne (*grand pays de l'Europe centrale*)
3. occupées par force
4. hommes à cheval
5. petits groupes (de soldats)
6. *adverbe qui marque que c'est bien le groupe mentionné*
7. qui a les
8. plus ou moins rondes
9. résidence
10. deviennent ivres (*ne savent plus ce qu'ils font parce qu'ils ont bu trop de vin*)
11. aussi
12. céréale dont les grains nourrissent les chevaux

121

du foin, des lampes, des bougies,[13] des draps, ils prenaient une attitude obséquieuse et mécanique dont elle souriait à la française,
c'est-à-dire trop dignement pour qu'un sot[14] en pût être assuré. Le
troisième jour, l'inventaire, sans doute, ayant été achevé, deux four-
5 ragères[15] furent remplies de meubles, de tentures,[16] de portraits de
famille, et de linge aussi, à destination de l'Allemagne. Le général
ne commandait pas l'opération, mais il s'y intéressait. Ce même
jour, madame de Chelles sortit, vers quatre heures de l'après-midi,
et se dirigea vers la haute futaie, du côté nord, qui portait le nom
10 de Massif[17] de Maucroix. A plus d'un kilomètre du château, au-delà
des[18] pelouses,[19] à la lisière[20] du cirque[21] de forêt, il y avait, de loin
en loin,[22] des bancs de bois. Elle s'assit, et se mit à faire un passe-
montagne[23] en laine blanche, afin que les surveillants[24] qui l'a-
vaient suivie à distance, et qui coupaient des gaules[25] dans les bor-
15 dures de noisetiers,[26] n'eussent point de doute à son endroit. Elle
n'était pas là depuis un quart d'heure qu'une voix bien connue, en
arrière, demanda doucement:

— Madame la baronne n'a pas eu de mal?[27]

Elle ne se détourna[28] pas, continua de travailler, et répondit:

20 — Non, mon ami, seulement peur pour toi.

— Et les briquets?[29]

— Julie et moi, nous les nourrissons.

13. chandelles
14. une personne stupide
15. chariots employés pour transporter du foin
16. ensemble de pièces de tapisserie
17. ensemble d'arbres
18. de l'autre côté des
19. terrains couverts d'une herbe épaisse et courte
20. au bord
21. espace circulaire
22. par-ci par-là
23. coiffure de laine qui enveloppe toute la tête
24. personnes chargées d'observer et de garder
25. longs et minces morceaux de bois
26. arbres qui portent de petites noix (*fruits très durs*)
27. difficultés
28. retourna
29. petits chiens

— Je les entends bien: ils font un hourvari,[30] à cause de ces Allemands qui sont partout dans le parc!

— Approche un peu, sans te montrer; ... je vais lancer un petit
billet, que j'ai écrit pour le commandant du poste français le plus
voisin; veux-tu le porter?   5

— Je crois que je réussirai; s'est-il pressé?

— Autant que possible avant demain matin. Je le préviens d'une
attaque.

— Ça sera fait, madame la baronne.

Le lendemain, l'attaque projetée[31] et tentée, manqua. Les offi-   10
ciers ne cachèrent pas leur dépit. Ils parlèrent de «cette damnée
malchance» tout haut,[32] devant madame de Chelles, qui évidemment ne comprenait pas l'allemand, puisqu'elle ne répondit jamais
quand on lui adressait la parole[33] en une autre langue que le
français.   15

RENÉ BAZIN[34]
(Le Château Blanc,
© *Calmann-Lévy*)

EXPRESSIONS IDIOMATIQUES

*Employez chacune des expressions suivantes dans une phrase qui
en fera bien comprendre le sens:*

1. afin que.   2. à toute heure.   3. au-delà de.   4. avoir du
mal.

30. grand bruit
31. qu'on voulait faire
32. à haute voix
33. parlait
34. 1853-1932

20

La Rentrée des Troupeaux[1]

IL FAUT vous dire qu'en Provence,[2] c'est l'usage, quand viennent les chaleurs,[3] d'envoyer le bétail dans les Alpes. Bêtes et gens passent cinq ou six mois là-haut, logés à la belle étoile, dans l'herbe jusqu'au ventre; puis, au premier frisson[4] de l'automne, on redescend au *mas*,[5] et l'on revient brouter[6] bourgeoisement[7] les petites collines[8] grises que parfume le romarin[9] ... Donc hier soir les troupeaux rentraient. Depuis le matin, le portail[10] attendait, ouvert à deux battants,[11] les bergeries[12] étaient pleines de paille fraîche. D'heure en heure on se disait: «Maintenant, ils sont à Eyguières, maintenant au Paradou.»[13] Puis, tout à coup, vers le soir, un grand

1. groupes d'animaux qui vont ensemble
2. ancienne province de France (dans le Midi ou le Sud)
3. le temps chaud
4. sensation de tremblement causée par le froid
5. ferme dans le Midi
6. manger de l'herbe
7. à la mode de la classe bourgeoise ou moyenne
8. petites montagnes
9. petit arbre aromatique
10. la grande porte
11. ses deux parties ouvertes
12. lieux où l'on enferme les moutons
13. petites villes en Provence

cri: «Les voilà!» et là-bas, au loin, nous voyons le troupeau s'avancer dans une gloire de poussière. Toute la route semble marcher avec lui. Les vieux béliers[14] viennent d'abord, la corne en avant, l'air sauvage; derrière eux le gros[15] des moutons, les mères un peu lasses,[16] leurs nourrissons[17] dans les pattes; les mules à pompons rouges portant dans des paniers les agnelets[18] d'un jour qu'elles bercent[19] en marchant; puis les chiens tout suants,[20] avec des langues jusqu'à terre, et deux grands coquins de[21] bergers[22] drapés dans des manteaux de cadis roux[23] qui leur tombent sur les talons comme des chapes.[24]

Tout cela défile devant nous joyeusement et s'engouffre[25] sous le portail, en piétinant[26] avec un bruit d'averse.[27] Il faut voir quel émoi[28] dans la maison. Du haut de leur perchoir,[29] les gros paons[30] vert et or, à crête de tulle,[31] ont reconnu les arrivants et les accueillent[32] par un formidable coup de trompette.

Le poulailler,[33] qui s'endormait, se réveille en sursaut.[34] Tout le monde est sur pied: pigeons, canards, dindons,[35] pintades.[36] La

---

14. moutons mâles
15. la partie principale
16. fatiguées
17. petits agneaux
18. petits agneaux
19. balancent
20. le corps mouillé
21. malicieux
22. ceux qui gardent les moutons
23. étoffe de laine d'une couleur entre le jaune et le rouge
24. de grands manteaux
25. entre avec violence
26. remuant fréquemment et vivement les pieds
27. pluie assez forte, mais courte
28. émotion
29. lieu où l'on met percher les poules, etc.
30. très beaux et grands oiseaux
31. tissu léger et transparent
32. reçoivent
33. refuge des poules
34. avec violence
35. grands oiseaux de ferme
36. oiseaux de ferme

basse-cour[37] est comme folle; les poules parlent de passer la nuit![38]
On dirait que chaque mouton a rapporté dans sa laine, avec un
parfum d'Alpe sauvage, un peu de cet air vif des montagnes qui
grise et qui fait danser. C'est au milieu de tout ce train[39] que le
5 troupeau gagne son gîte.[40] Rien de charmant comme cette installation. Les vieux béliers s'attendrissent[41] en revoyant leur crèche.[42]
Les agneaux, les tout petits, ceux qui sont nés dans le voyage et
n'ont jamais vu la ferme, regardent autour d'eux avec étonnement.[43]

10   Mais le plus touchant encore, ce sont les chiens, ces braves chiens
de berger, tout affairés[44] après leurs bêtes et ne voyant qu'elles dans
le mas. Le chien de garde a beau les appeler du fond de sa niche,[45]
le seau du puits, tout plein d'eau fraîche, a beau leur faire signe:
ils ne veulent rien voir, rien entendre, avant que le bétail soit ren-
15 tré, le gros loquet[46] poussé sur la petite porte à claire-voie,[47] et les
bergers attablés dans la salle basse. Alors seulement ils consentent
à gagner le chenil,[48] et là, tout en lapant leur écuellée[49] de soupe,
ils racontent à leurs camarades de la ferme ce qu'ils ont fait là-haut
dans la montagne, un pays noir où il y a des loups et de grandes
20 digitales[50] de pourpre[51] pleines de rosée[52] jusqu'au bord.

ALPHONSE DAUDET[53]

(Lettres de mon Moulin)

37. partie de la ferme où l'on élève poules, canards, etc.
38. crient sans cesse; caquettent beaucoup
39. bruit
40. lieu où se reposent certains animaux
41. deviennent émus
42. mangeoire; pièce de pierre ou de bois dans laquelle mangent les animaux
43. surprise
44. occupés
45. petite loge destinée à l'habitation d'un chien
46. pièce de bois ou de fer qui sert à fermer ou à ouvrir une porte
47. faite de pièces de bois séparées par des espaces
48. lieu où l'on met les chiens
49. ce que contient une écuelle (*assiette creuse pour le potage*)
50. fleurs
51. couleur rouge sang
52. petites gouttes d'eau formées par la condensation de la vapeur sur l'herbe
53. 1840-1897

EXPRESSIONS IDIOMATIQUES

Employez chacune des expressions suivantes dans une phrase qui en fera bien comprendre le sens:

1. au milieu de.   2. d'heure en heure.   3. faire signe à.
4. ouvert à deux battants.   5. se réveiller en sursaut.

21

Les Cerises du Comte de Bellemare

LE 19 juillet 1817, un détachement du 3e hussards devait[1] quitter
Toulouse[2] pour se rendre à Bordeaux.[3] Le départ était fixé à cinq
heures du matin et, suivant un usage consacré,[4] un punch réunis-
sait les officiers qui restaient en ville et ceux qui changeaient de
5 garnison.[5]

Le dîner avait été copieux,[6] chaque maître de pension[7] ayant
tenu à[8] laisser un bon souvenir à ses habitués. Tous ceux à qui il
était resté quelque argent avaient fait monter de la cave une vieille
bouteille et, d'extra[9] en extra, les têtes s'étaient singulièrement
10 échauffées.[10]

Un jeune homme, fils d'émigré,[11] le comte de Bellemare, qui

1. allait
2. ville dans le sud de la France
3. ville dans le sud-ouest de la France
4. traditionnel
5. lieu où sont les troupes
6. abondant
7. militaire chargé du logement et de la nourriture d'un groupe de soldats
8. désiré vivement
9. vin d'une qualité supérieure
10. excitées
11. qui a émigré pour des raisons politiques (Beaucoup de nobles ont quitté
la France à l'époque de la Révolution.)

étrennait[12] ses épaulettes de lieutenant, porta la santé[13] du roi. Il y eut un soulèvement[14] d'enthousiasme parmi les jeunes officiers appartenant presque tous à l'aristocratie et qui tenaient leurs grades de Louis XVIII.[15]

Mais, parmi les anciens,[16] se trouvait un capitaine d'origine corse,[17] un certain Vitalis qui, après avoir fait les dernières campagnes de l'Empire,[18] s'était arrangé de façon à[19] garder son grade sous la Restauration.[20] Vitalis faisait rigoureusement son service, mais il vivait seul et desserrait rarement les dents.[21]

Il vida son verre en même temps que les autres, mais une légère contraction des sourcils pouvait donner à penser qu'il eût préféré s'abstenir.[22]

Ce mouvement, à peine perceptible, n'échappa cependant point au[23] comte de Bellemare, qui souffrait impatiemment la présence de cet officier de Napoléon, d'un caractère sombre comme sa peau et rude comme sa moustache. Bellemare emplit de nouveau son verre et but à la honte[24] de l'«usurpateur», du «monstre altéré de sang»,[25] du despote qui avait opprimé[26] la France et que la main de Dieu avait enfin justement frappé.

Tous les regards se portèrent sur le capitaine Vitalis. Celui-ci

12. portait pour la première fois
13. but à la santé; proposa un toast
14. sentiment vif; expression vive
15. (1755-1824); frère de Louis XVI (Il succéda à Napoléon et fut roi de France de 1814 à 1824.)
16. ceux qui ont précédé les nouveaux arrivés dans une école, un régiment
17. *adjectif dérivé du mot* Corse (île française dans la Méditerranée)
18. régime de Napoléon Ier (1804-1815)
19. pour être sûr de
20. rétablissement de la monarchie (Louis XVIII) en France en 1814 et ensuite après la défaite de Napoléon Ier à Waterloo en 1815
21. parlait très peu
22. ne pas prendre part
23. fut remarqué par le
24. au déshonneur
25. avide de sang; qui a soif de sang
26. tyrannisé

blême,[27] les lèvres serrées,[28] saisit son verre ... Mais son coude[29] ayant heurté[30] la table, le verre lui glissa de la main et tomba sur le parquet où il se brisa.

Bellemare, à peu près[31] ivre,[32] s'avança vers le capitaine et le
5 gifla.[33] Vitalis saisit le jeune homme par les deux bras et, le jetant à la renverse,[34] il s'apprêtait à le fouler aux pieds,[35] quand les assistants,[36] l'empoignant[37] tous à la fois, l'entraînèrent[38] violemment hors de[39] la salle.

Les conditions du duel furent promptement arrêtées:[40] les pis-
10 tolets à quinze pas, tir à volonté.[41] La rencontre[42] devait avoir lieu au petit jour,[43] une heure avant le départ du détachement.

Bellemare arriva au rendez-vous, une main pleine de cerises, qu'il mangeait tranquillement, s'amusant à cracher les noyaux[44] aussi loin que possible. Les témoins chargèrent les pistolets et
15 mesurèrent la distance. Bellemare semblait ne s'occuper que de ses cerises. Au moment où ses témoins lui remirent le pistolet, il s'amusait encore à suivre des yeux le dernier noyau qu'il venait d'envoyer en l'air.

Aussitôt le signal donné, Bellemare tira. La balle effleura[45]
20 l'épaule de Vitalis, qui sourit.

27. très pâle
28. pressées l'une contre l'autre
29. jointure à l'articulation du bras et de l'avant-bras
30. frappé
31. presque
32. qui ne sait plus ce qu'il fait parce qu'il a bu trop de vin
33. lui donna une gifle (*coup de main sur la joue*)
34. sur le dos
35. marcher sur lui
36. ceux qui étaient présents
37. saisissant
38. emportèrent
39. en dehors de
40. décidées
41. tirer son pistolet quand on veut
42. Le duel
43. juste avant le lever du soleil
44. les parties dures (contenant une graine) qui se trouvent dans la chair de certains fruits
45. toucha légèrement à la surface

— Monsieur, dit-il au jeune lieutenant, vous paraissez ne point tenir à la vie. Je n'ai donc aucun intérêt à vous enlever une existence qui vous est indifférente.

— Tirez, Monsieur, répondit Bellemare avec hauteur,[46] je n'accepterai pas de grâce.

— Que votre orgueil ne se cabre pas,[47] jeune homme, reprit le Corse. Il a été convenu que chacun de nous pouvait tirer à volonté: je réserve le coup.

— Comme il vous plaira, fit Bellemare. Vous êtes le maître, le coup vous appartient, je serai toujours à vos ordres.

— C'est bien ainsi que je l'entends, ajouta Vitalis.

— A quinze pas! dit encore Bellemare qui se remit à manger des cerises.

Le clairon[48] rappela tout à coup les officiers à leur devoir. Ils se rendirent à la place et le détachement se mit en route.

Le comte de Bellemare allait à Bordeaux. Vitalis restait à Toulouse.

Six ans passèrent sur la scène que nous venons de raconter.

Le long de la route du Médoc,[49] un peu avant d'arriver à Blanquefort, se trouvait un joli château moderne, au pied duquel passait un des bras de la Jalle, petite rivière à l'eau claire qui, courant sur un fond de sable, va se jeter dans la Garonne.

Une allée[50] de tilleuls[51] conduisait au perron, tout enguirlandé[52] de jasmin et de clématite.[53] Il était huit heures du soir. Le ciel était clair, parsemé[54] d'étoiles dont les rayons scintillaient[55] comme si

46. arrogance
47. ne se révolte pas
48. instrument à vent, en cuivre
49. région dans le sud-ouest de la France
50. chemin dans un jardin
51. espèce d'arbres
52. décoré (*de fleurs*)
53. deux espèces de fleurs
54. couvert çà et là
55. brillaient avec une sorte de vibration rapide

une main invisible y jetait constamment quelques grains de poudre. Ce crépuscule[56] avait l'air d'une aurore.[57] Une des belles nuits du Midi venait de se lever, une de ces nuits transparentes où s'enivrant[58] du parfum des fleurs, on peut en distinguer encore les cou-
5 leurs à peine atténuées.

Dans le salon du rez-de-chaussée, plusieurs personnes étaient réunies.[59]

Une jeune femme, assise près de la fenêtre, laissait sa main à celle d'un officier qui, presque agenouillé, lui murmurait à
10 l'oreille des paroles qui semblaient la charmer. Son profil, d'une remarquable pureté, se détachait dans la pénombre[60] et un rayon de lune, passant à travers les branches d'un acacia,[61] lui mettait une étoile sur le front.

Deux hommes d'un certain âge,[62] assis sur un canapé,[63] cau-
15 saient, tandis qu'un prêtre[64] s'entretenait[65] amicalement[66] avec une femme d'une cinquantaine d'années, qui, de temps à autre,[67] passait les doigts dans les boucles[68] blondes d'un enfant de trois ans, tirant par une ficelle un petit cheval à roulettes,[69] tout autour du salon.

20 La jeune femme était la marquise de Mory, veuve depuis un an. L'enfant était son fils et les autres personnages les grands-parents. La veuve allait se marier en secondes noces[70] avec le comte de Bellemare.

56. période après le coucher du soleil et avant la nuit
57. lumière rosée qui précède le lever du soleil
58. s'exaltant
59. assemblées
60. le demi-jour produit par le passage graduel de la lumière à l'obscurité
61. arbre à fleurs jaunes
62. qui ne sont plus jeunes
63. sofa
64. celui qui préside aux cérémonies d'un culte religieux
65. conversait
66. d'une façon amie
67. de temps en temps
68. spirales de cheveux frisés
69. à petites roues
70. mariage

Tout à coup, la sonnette[71] de la grille[72] retentit. Le jardinier ouvrit et un nouveau personnage, qui ne paraissait pas attendu, se dirigea vers le château. Arrivé devant la fenêtre ouverte, il demanda d'une voix forte:

— Le comte de Bellemare? 5

— Vitalis! s'écria celui-ci.

— Vous me reconnaissez donc?

— Oui ... je vous reconnais, murmura Bellemare.

— Nous avons un vieux compte à régler,[73] reprit Vitalis.

— Je suis à vous,[74] Monsieur. 10

Et il sortit.

— Où allons-nous? demanda l'arrivant.[75]

— Là-bas sur la route, si vous le voulez bien.

— Comme il vous plaira.

Ils marchèrent silencieusement côte à côte. Au bout de quelques 15 instants:

— C'est ici, dit M. de Bellemare.

La route, doucement[76] éclairée, s'allongeait[77] devant eux.

— A quinze pas! commanda Vitalis.

Bellemare compta quinze pas. 20

C'est alors que la marquise accourut, le cou nu, les cheveux en désordre.

— Monsieur, Monsieur, cria-t-elle, je devine quelque chose d'horrible ... Par pitié, écoutez-moi. Vous ne savez pas ce que vous allez faire! 25

— Retirez-vous, Jeanne, je vous en supplie, dit Bellemare. Monsieur est un officier de mon ancien régiment ... nous avons à causer ...

---

71. petite cloche qui annonce l'arrivée d'un visiteur
72. grande porte métallique
73. décider
74. à votre disposition
75. celui qui vient d'arriver
76. médiocrement
77. s'étendait

— Non, non! reprit Mme de Mory, je vois des ombres qui passent ... J'entends des cris en l'air ... Je deviens folle! Monsieur, vous ne savez pas, j'ai trompé mon mari, j'aimais Gaston, M. de Bellemare, veux-je dire ... Mon mari m'a pardonné en mourant, je vous
5 le jure! Mais je ne puis épouser que Gaston, je l'aime, Monsieur. N'entendez-vous pas? Je vous dis que je l'aime! ... S'il ne m'épouse pas, je suis une femme perdue et mon enfant est déshonoré! ...

La voix de la jeune femme était saccadée, ses paroles entrecoupées[78] de hoquets,[79] elle râlait.[80]

10 — A quinze pas! dit froidement Vitalis, tirant un pistolet de sa poche.

La marquise, jetant un cri déchirant, s'évanouit sur la route. M. de Bellemare attendait, les bras croisés.

Alors, à la clarté[81] bleuâtre[82] de la lune, Vitalis crut voir une
15 larme glisser de l'œil de son adversaire.

— Eh bien, Monsieur, demanda-t-il, vous ne mangez plus de cerises?

Il tira. Et Bellemare tomba la tête fracassée.[83]

Aurélien Scholl[84]
(*Courtesy of Société des Gens de Lettres de France*)

---

78. interrompues; coupées
79. contractions spasmodiques du diaphragme, accompagnées d'un bruit rauque
80. protestait en criant
81. lumière
82. qui ressemble au bleu
83. brisée
84. 1833-1903

EXPRESSIONS IDIOMATIQUES

Employez chacune des expressions suivantes dans une phrase qui en fera bien comprendre le sens:

1. à la fois.   2. s'amuser à.   3. au moment où.   4. au petit jour.   5. changer de.   6. côte à côte.   7. de façon à.   8. de temps à autre.   9. en même temps.   10. en ville.   11. faire monter.   12. hors de.   13. le long de.   14. tenir à (*plus infinitif*).   15. tenir à (*quelque chose*).

22

Le Sacrifice

NOUS avions fait ouvrir toutes les fenêtres. De leurs lits, les blessés pouvaient apercevoir, à travers les ondes[1] dansantes de la chaleur, les hauteurs de Berru et de Nogent-l'Abbesse,[2] les tours de la cathédrale, assise encore comme un lion agonisant[3] au milieu de la plaine
5 de Reims,[4] et les lignes crayeuses[5] des tranchées,[6] hachant[7] le paysage.[8]

On sentait peser une sorte de torpeur sur le champ de bataille. Parfois, une colonne de fumée s'élevait, toute droite, dans ce lointain immobile, et la détonation nous parvenait[9] un peu après,
10 comme égarée,[10] honteuse d'outrager le radieux[11] silence.

C'était une des belles journées de l'été de 1915, une de ces jour-

---

1. mouvements (ou vibrations) comme ceux de la mer
2. deux villages en Champagne
3. se battant contre la mort
4. ville en Champagne au nord-est de Paris
5. de la nature de la craie
6. longues excavations (ou trous) pour la protection des soldats
7. coupant
8. ce que l'on voit dans la campagne
9. arrivait
10. perdue pour le moment
11. brillant

nées où l'indifférence souveraine[12] de la nature fait plus cruelle-
ment sentir le fardeau[13] de la guerre, où la beauté du ciel désavoue
l'angoisse des cœurs.

Nous avions achevé notre service matinal, quand une voiture
s'arrêta devant le perron. 5

— Médecin de garde![14]

Je descendis les marches. Le chauffeur m'expliquait:

— Il y a trois petits blessés qui s'en vont plus loin. Et puis il y a
de grands blessés.

Il avait ouvert l'arrière de son auto. D'un côté, trois soldats assis 10
somnolaient. On voyait, de l'autre, des brancards[15] et les pieds des
hommes couchés. Alors, du fond de la voiture, une voix sortit, une
voix basse, grave, chancelante[16] et qui disait:

— Moi, monsieur, je suis un grand blessé!

C'était un adolescent plutôt qu'un homme. Un rien de poil fol[17] 15
au menton, un nez busqué,[18] bien dessiné, des yeux sombres que
l'extrême faiblesse faisait paraître démesurés,[19] et le teint[20] gris,
terne[21] des gens qui ont beaucoup saigné.[22]

— Oh! Comme je suis fatigué! dit-il.

Le blessé se tenait des deux mains au brancard pendant qu'on 20
montait l'escalier. Il souleva un peu la tête, jeta sur les verdures, les
belles collines, l'horizon embrasé,[23] un regard plein d'étonnement,
de détresse et d'abandon. Puis il se trouva tout à coup dans l'intérieur de la maison.

C'est ici que commence l'histoire de Gaston Léglise. C'est une 25

12. suprême
13. poids lourd
14. qui assure le service
15. appareils qui servent à transporter des blessés
16. hésitante; incertaine
17. premiers poils
18. qui a une forme convexe
19. excessivement grands
20. coloris ou couleur du visage
21. qui manque de brillance
22. perdu du sang
23. illuminé

bien modeste et bien triste histoire; mais, dites-moi, y a-t-il maintenant, au monde, des histoires qui ne soient pas tristes?

Je la raconterai au jour le jour,[24] comme nous l'avons vécue, et
telle qu'elle est gravée[25] dans mon souvenir,[26] telle qu'elle demeure
5 gravée dans ton souvenir et dans ta chair, n'est-ce pas, Léglise, mon
ami?

Léglise n'a respiré qu'une goutte de chloroforme et il a connu
tout de suite un sommeil qui côtoyait[27] la mort.

— Dépêchons-nous,[28] m'a dit le médecin-chef, ce pauvre enfant
10 va rester sur la table.

Puis il a hoché[29] la tête en ajoutant:

— Deux genoux! Deux genoux! Quel avenir!

C'est une chose bien pénible que de porter le fardeau de l'expérience. C'est toujours une chose pénible que d'avoir assez de mé-
15 moire pour discerner le futur.

Les petits éclats[30] de grenade font aux jambes d'un homme des
blessures minimes; mais de grands désordres peuvent entrer par
ces petites plaies[31] et le genou est une merveille si compliquée, si
délicate!

20 Le caporal Léglise est maintenant dans un lit. Il respire avec
peine et s'y reprend à plusieurs fois, comme quelqu'un qui vient
de sangloter.[32] Il promène avec lenteur ses yeux autour de lui et n'a
pas l'air décidé à vivre. Il considère le flacon de sérum, les tubes,
les aiguilles, tout l'appareil mis en œuvre[33] pour ranimer son cœur

24. de jour en jour
25. rendue durable; fixée
26. ma mémoire
27. s'approchait de
28. Hâtons-nous
29. secoué
30. fragments
31. blessures
32. pleurer **très fort**
33. employé

trébuchant,[34] et il semble avoir beaucoup de chagrin. Il voudrait boire, et ce n'est pas encore permis; il voudrait dormir, mais le sommeil est refusé à ceux qui en ont le plus besoin; il voudrait peut-être mourir, et nous ne voulons pas.

Il revoit le poste d'écoute où il a passé la nuit, au premier rang 5
de tous les soldats. Il revoit l'étroite porte bordée de sacs de terre, par laquelle il est sorti, au petit matin,[35] pour respirer l'air froid et regarder le ciel, du fond du boyau[36] creux. Tout était silencieux, et le petit matin d'été semblait doux jusque dans la profondeur du boyau. Quelqu'un pourtant veillait et guettait[37] le bruit infime[38] 10
de ses pas. Une main invisible a lancé une bombe. Vite, il a voulu repasser la porte; mais il avait mis sac au dos pour la relève[39] et il s'est trouvé[40] coincé[41] dans l'huis[42] comme un rat au piège.[43] L'air a été déchiré par la détonation, et ses jambes ont été dechirées, comme l'air pur, comme le matin d'été, comme le beau silence. 15

Les jours passent et, de nouveau, la course du sang commence à faire sauter les vaisseaux[44] du cou, à colorer finement[45] la bouche, à rendre au regard la profondeur et l'éclat.[46]

La mort, qui s'était étendue[47] sur tout le corps comme sur un pays conquis, s'est retirée, cédant[48] peu à peu le terrain; mais voilà 20
qu'elle s'arrête: elle s'accroche aux jambes, elle ne veut plus les

34. faible; incertain
35. le matin de bonne heure
36. passage long et étroit
37. observait secrètement
38. très petit
39. le remplacement de la garde
40. a été
41. bloqué
42. la porte
43. engin qui sert à prendre des animaux
44. canaux servant à la circulation du sang
45. délicatement
46. la lumière brillante
47. avait occupé plus de place
48. abandonnant

lâcher;[49] elle réclame quelque chose en partage;[50] elle n'entend pas[51] être frustrée de toute sa proie.

Nous lui disputons la part qu'elle s'est choisie. Le blessé regarde nos travaux et nos efforts, comme un pauvre qui a remis sa cause
5 aux mains du chevalier[52] et qui ne peut qu'être spectateur du tournoi,[53] prier et attendre.

Il va falloir faire la part[54] du monstre; il va falloir céder l'une des jambes. C'est maintenant avec l'homme qu'une autre lutte[55] a commencé. Plusieurs fois par jour, je viens m'asseoir à côté de son lit.
10 Tous nos essais[56] de conversation échouent[57] tour à tour;[58] nous sommes toujours ramenés au silence et au même souci.[59] Aujourd'hui, Léglise m'a dit:

— Oh! je sais bien à quoi vous pensez.

Comme je ne répondais pas, il a supplié:[60]

15 — Peut-être faut-il attendre encore un peu ... Peut-être, demain matin, ça ira-t-il mieux ...

Puis tout à coup, avec confusion:

— Excusez-moi! J'ai confiance en vous tous. Je sais que vous faites ce qui est nécessaire. Mais peut-être que, dans deux ou trois
20 jours, il ne sera pas trop tard.

Deux ou trois jours! Nous verrons demain.

Les nuits sont horriblement chaudes. J'en souffre pour lui.

Je viens le voir, une dernière fois, le soir, et l'encourage au som-

---

49. abandonner
50. en division
51. n'a pas l'intention de
52. noble monté à cheval et qui était membre de l'ordre de chevalerie comme Bayard et Lancelot
53. combat de chevaliers
54. sacrifier une partie pour sauver le reste
55. combat
56. actions d'essayer
57. ne réussissent pas
58. l'un après l'autre
59. ennui; préoccupation
60. demandé d'une façon urgente

meil. Son regard est large ouvert dans la nuit et je sens qu'il s'attache au mien avec anxiété.

La fièvre rend sa voix haletante:[61]

— Comment voulez-vous que je dorme avec toutes les choses auxquelles je pense?

Il ajoute plus bas:

— Alors, vous voulez? Vous voulez?

L'obscurité m'encourage, et, de la tête, je fais le signe qui dit: oui.

En achevant ses pansements,[62] je lui ai parlé, du fond de mon cœur:

— Léglise, nous t'endormirons demain. On examinera la chose sans que tu souffres, et on fera le nécessaire.

— Je sais bien que vous la couperez.

— Nous ferons ce qu'il faudra faire.

Je devine que les coins de sa bouche doivent s'abaisser[63] un peu, et trembler. Il pense tout haut:

— Si l'autre jambe, au moins, n'était pas malade!

Je pensais à cela aussi, mais je fais semblant de ne pas avoir entendu. N'avons-nous pas assez de peine pour aujourd'hui?

J'ai passé une partie de l'après-midi à coudre des morceaux d'étoffe imperméable. Il m'a demandé:

— Que faites-vous là?

— Je fabrique[64] un masque pour t'endormir à l'éther.

— Je vous remercie: l'odeur du chloroforme m'est si pénible.

Je réponds: «Justement, c'est pour cela.» La vérité est que nous ne savons s'il pourrait, dans l'état où il est, supporter le brutal chloroforme.

La cuisse[65] de Léglise a été coupée ce matin, il était encore endormi quand nous l'avons porté dans la chambre noire, pour examiner son autre jambe aux rayons X.

61. qui a une respiration rapide
62. ce qu'on met sur une blessure pour la soigner
63. se mettre plus bas
64. fais; construis
65. partie supérieure de la jambe

Déjà il commençait à se plaindre et à ouvrir les yeux, et le radio-graphe[66] ne se hâtait guère.[67] J'ai fait tout le possible pour pré-cipiter les opérations et je l'ai remporté dans son lit. Comme cela, il a repris conscience dans la pleine clarté du soleil.

5   Lui qui vient, une fois de plus, d'approcher le noir empire, qu'aurait-il pensé s'il s'était réveillé dans une obscurité peuplée d'ombres, de chuchotements, d'étincelles[68] et de lueurs[69] ful-gurantes?[70]

Dès qu'il a pu parler, il m'a dit:

10   — Vous m'avez coupé la jambe?

J'ai fait un signe. Ses yeux se sont remplis d'eau, et, comme il avait la tête basse, ses grosses larmes lui ont coulé dans les oreilles.

Aujourd'hui, il est plus calme. Les premiers pansements ont été fort douloureux.[71] Il regardait le moignon[72] à vif,[73] suintant,[74] 15 sanglant,[75] agité de secousses[76] et répétait:

— Ce n'est pas beau, ce n'est pas bien beau.

Nous avons pris tant de précautions que le voici rafraîchi pour quelques heures.

— On parle pour toi de la médaille militaire, lui a dit le méde-20 cin-chef.

Dans l'intimité,[77] Léglise m'a confié, avec hésitation:

— Ils ne voudront peut-être pas me la donner, la médaille.

— Et pourquoi donc?

66. celui qui photographie au moyen des rayons X
67. presque pas
68. vives lumières; brillants éclats
69. faibles lumières
70. qui lancent des éclairs
71. qui cause de la douleur ou de la peine
72. partie qui reste d'un membre amputé
73. vivant; chair vive
74. se dit d'une surface d'où sort un liquide presque imperceptiblement
75. couvert de sang
76. coups causés en remuant
77. Quand nous étions seuls

— J'ai été puni; il manquait des boutons à la capote[78] d'un de mes hommes.

O mon ami, enfant scrupuleux, pourrais-je encore aimer les gens de notre pays s'ils se rappelaient, une seconde, ces malheureux boutons? 5

Il dit gravement: «Mes hommes!» Alors je considère sa poitrine étroite, son mince visage, son front puéril creusé du pli sérieux qui accepte toutes les responsabilités, et je ne sais comment lui témoigner[79] mon amitié, mon respect.

Les craintes de Léglise n'étaient pas fondées.[80] Le général G*** 10 est venu tantôt.[81] Je l'ai rencontré sur la terrasse. Son visage m'a fait plaisir: un visage fin, intelligent.

— Je viens voir le caporal Léglise, m'a-t-il dit.

Je l'ai conduit dans la salle pleine de blessés et, tout de suite, sans hésitation, il s'est dirigé vers Léglise comme s'il le connaissait 15 parfaitement.

— Comment vas-tu? lui a-t-il demandé en lui prenant la main.

— Mon général, on m'a coupé ma jambe.

— Mais je le sais bien, mon enfant. Aussi je t'apporte la médaille militaire. 20

Il a piqué la médaille sur la chemise de Léglise et a embrassé mon ami sur les deux joues, simplement, affectueusement.

Puis ils ont causé ensemble un bon moment.

J'étais content. Ce général est vraiment un homme très bien.[82]

On a enveloppé la médaille dans un bout de mousseline[83] pour 25 que les mouches ne la salissent pas, et on l'a fixée au mur, au-dessus du lit. Elle a l'air de veiller sur le blessé, de regarder ce qui se passe. Malheureusement, ce qu'elle peut voir est fort triste. La jambe,

78. manteau militaire
79. montrer
80. justifiées
81. tout à l'heure
82. supérieur; de bonnes manières
83. tissu transparent

l'unique jambe est à son tour bien malade. Le genou est pris,[84] tout
à fait pris, et ce qu'on a fait pour le sauver semble inutile. Il est
venu sous le siège[85] une plaie, puis deux plaies. Tous les matins, il
faut passer d'une souffrance à l'autre, réciter, dans l'ordre, le même
5 cruel chapelet des souffrances.

On ne meurt pas de douleur, car Léglise serait mort. Je le vois
encore, ouvrant éperdument[86] les yeux et s'arrêtant tout à coup de
crier. Oh! j'ai bien pensé qu'il allait mourir. Mais cette souffrance-
là veut être soufferte tout entière; elle n'étourdit même pas[87] ceux
10 qu'elle accable.[88]

J'appelle tout le monde à l'aide:

— Genest, Barrassin, Prévot, venez tous!

Oui, mettons-nous dix, s'il le faut, pour soulever Leglise, pour
le mieux tenir, le mieux soulager.[89] Une minute de sa souffrance
15 vaudrait bien dix ans de nos efforts à tous.

Hélas! serions-nous cent qu'il lui faut quand même soulever tout
le plus lourd fardeau!

L'humanité entière soulève à cette heure un bien[90] cruel fardeau. Chaque minute aggrave sa peine, et personne, personne, ne
20 viendra donc la secourir?[91]

Nous avons examiné, avec le patron,[92] l'état du blessé. Entre ses
dents, d'une façon à peine perceptible, le patron a dit:

— C'est qu'un autre sacrifice est nécessaire.

C'est vrai, le sacrifice n'est pas encore consommé[93] tout entier.
25 Léglise a compris. Depuis quelque temps, il ne pleure plus. Il a

84. saisi (*par l'infection*)
85. partie du corps où l'on s'assied
86. d'une manière troublée
87. ne rend pas inconscient
88. fait mourir de douleur
89. lui rendre la douleur moins pénible
90. très
91. sauver
92. médecin-chef
93. accompli; achevé

l'air las et un peu égaré d'un homme qui rame[94] contre l'ouragan.[95] Je le regarde à la dérobée,[96] et il prononce aussitôt d'une voix nette, calme, décidée:

— J'aime mieux mourir.

Je m'en vais dans le jardin. Il fait une matinée incandescente;[97] mais je ne peux rien voir, je ne veux rien voir. Je répète en marchant:

— Il aime mieux mourir.

Et je me demande avec désespoir s'il n'a pas raison.

Tous les peupliers se mettent à remuer leurs feuilles. D'une seule voix, qui est la voix même de l'été, ils disent: «Non! Non! Il n'a pas raison.»

Un petit scarabée[98] traverse le chemin devant moi; je l'écrase à moitié par mégarde,[99] mais il prend une fuite éperdue. Il a dit aussi à sa manière: «Non, vraiment, ton ami n'a pas raison.»

— Dis-lui qu'il a tort! chante l'essaim[100] des bêtes qui bourdonnent[101] autour du tilleul.

Et même un long coup de canon, qui traverse toute la campagne en grognant,[102] crie, lui aussi: «Il a tort! Il a tort!»

Dans la soirée, le médecin-chef est revenu voir Léglise, qui lui a dit, avec la même sombre gravité:

— Je ne veux pas, monsieur le médecin-chef, j'aime mieux mourir.

Nous descendons au jardin, et le patron me dit cette phrase étrange:

— Essayez de le convaincre. Je finis par avoir honte de lui demander un tel sacrifice.

94. fait marcher un bateau avec de longues pièces de bois
95. tempête violente
96. secrètement
97. très chaude
98. insecte
99. sans faire attention
100. la multitude
101. font entendre un murmure ou un bruit sourd
102. criant comme un cochon

Et moi, n'ai-je donc pas honte!

Je consulte la nuit chaude, parée[103] d'étoiles; je suis bien sûr, maintenant, qu'il a tort; mais je ne sais comment le lui dire. Qu'ai-je à lui offrir en échange de ce que je vais lui demander? Où trouver
5 les mots qui décident à vivre? O vous, toutes les choses, dites-moi, répétez-moi qu'il est encore doux de vivre avec un corps si douloureusement mutilé!

Ce matin j'ai extrait un petit projectile d'une de ses plaies. Il en a secrètement conclu que cela rendrait peut-être inutile la grande
10 opération, et sa joie faisait peine à voir. Je n'ai pourtant pas pu lui laisser ce bonheur.

La lutte a recommencé; cette fois, elle est désespérée. Et puis, il n'y a plus de temps à perdre. Chaque heure qui s'écoule[104] dans l'attente[105] épuise l'homme. Encore quelques jours, et il n'y aura
15 plus à choisir: la mort seule, au terme[106] d'une longue épreuve.[107]

Il me répète:

— Je n'ai pas peur, mais j'aime mieux mourir.

Alors, je parle comme si j'étais l'avocat[108] de la vie. Qui m'a donné ce droit? Qui m'a donné l'éloquence? Les choses que je dis
20 sont, juste, celles qu'il faut dire, et elles viennent si bien que j'ai parfois peur de trop promettre cette vie que je ne suis pas sûr de conserver, de trop promettre cet avenir qui n'est pas aux mains des hommes.

Peu à peu, je sens la grande résistance céder. Il y a quelque chose,
25 en Léglise, qui est forcément[109] de mon avis et qui plaide[110] avec moi. Par moments, il ne sait plus que dire et formule, d'un air mal-

---

103. décorée
104. passe
105. action d'attendre
106. à la fin
107. expérience pénible
108. celui qui défend des causes dans une cour de justice
109. obligatoirement
110. défend une position

heureux, des objections presque futiles, tant il en est d'autres plus
lourdes.

— Je vis avec ma mère, me dit-il. J'ai vingt ans. Quelle situation
voyez-vous pour un cul-de-jatte?[111] Faut-il vivre pour connaître la
misère?   5

— Léglise, la France entière te doit trop, et rougirait de ne pas
s'acquitter.[112]

Et je promets, je promets, au nom du pays qui ne voudra jamais
renier[113] mes paroles. Tout le peuple de France est derrière moi,
dans cette minute, pour sanctionner silencieusement ma promesse. 10

Nous sommes au bord de la terrasse, le soir est venu. Je tiens son
poignet brûlant où le pouls[114] débile[115] bat avec une rage épuisée.
La nuit est si belle, si belle, si belle! Des fusées[116] montent au-dessus
des collines et retombent lentement, en inondant[117] l'horizon de
lueurs lunaires. L'éclair du canon s'ouvre furtivement, comme un 15
œil qui cligne.[118] Malgré[119] tout cela, malgré la guerre, la nuit est
une eau sombre et divine. Léglise l'appelle à grands traits[120] dans
sa poitrine décharnée[121] et dit:

— Oh! je ne sais plus, je ne sais plus ... Attendons encore un jour,
je vous prie.   20

C'est pendant trois jours entiers que nous avons attendu, et Léglise a cédé.

— Eh bien, faites ce qu'il faut! Faites ce que vous voulez.

Le matin de l'opération, il a souhaité descendre à la salle par

---

111. personne qui n'a pas de jambes
112. payer ce qu'on doit
113. désavouer; renoncer à
114. mouvement donné aux artères par le passage du sang
115. faible
116. projectiles qui allument le paysage
117. baignant
118. se ferme à demi
119. En dépit de; sans être empêché par
120. en respirant profondément
121. très maigre

l'escalier du parc. Je l'accompagnais et je le voyais regarder toutes choses comme pour les prendre à témoin.

Pourvu,[122] pourvu qu'il ne soit pas trop tard!

Une fois de plus il a été couché sur la table. Une fois de plus sa
5 chair et ses os ont été divisés. La seconde cuisse est tombée.

Je l'ai pris dans mes bras pour le reposer sur son lit, et il était léger, léger.

Il s'est réveillé sans rien demander, cette fois. J'ai seulement vu ses mains errer[123] pour rencontrer la fin de son corps.

10 Quelques jours se sont passés depuis l'opération. Nous avons fait tout ce qu'il était humainement possible de faire, et Léglise revient à la vie avec une sorte d'effarement.

— J'ai bien cru mourir, m'a-t-il dit ce matin, pendant que je l'encourageais à manger.

15 Il ajoute:

— Quand je suis descendu à la salle d'opérations, j'ai bien regardé toutes les choses, et j'ai pensé que je ne les reverrais plus.

— Regarde, mon ami! Elles sont toujours les mêmes, toujours aussi belles!

20 — Oh! dit-il, égaré dans son souvenir, j'avais fait le sacrifice de ma vie.

Faire le sacrifice de sa vie, c'est prendre une certaine résolution, dans l'espoir de se trouver plus tranquille, plus calme, moins malheureux aussi. L'homme qui fait le sacrifice de sa vie rompt[124] déjà
25 bien des liens[125] et, en cela, il meurt un peu.

Avec une inquiétude voilée,[126] je dis doucement, comme si je posais une question:

— C'est toujours une bonne chose que de manger, de boire, de respirer, de voir la lumière.

122. A condition
123. aller en plusieurs endroits, ou çà et là sans but
124. casse
125. tout ce qui unit les personnes (ou les choses)
126. couverte; un peu cachée

Il ne me répond pas. Il rêve. J'ai parlé trop tôt. Je m'en vais avec mon inquiétude.

Il y a encore de durs moments, mais la fièvre tombe peu à peu. J'ai l'impression que Léglise supporte la douleur avec plus de résolution, comme quelqu'un qui a donné tout ce qu'il avait à donner, 5 et qui ne craint plus rien.

Le pansement fini, je le tourne sur le côté, afin de soulager son dos malade. Pour la première fois, ce matin, il a souri en disant:

— J'ai déjà gagné quelque chose à être débarrassé[127] de mes jambes, je peux me coucher sur le côté. 10

Mais il tient mal en équilibre: il a peur de tomber.

Pensez à lui, et vous aurez peur pour lui, avec lui.

Il s'endort parfois en plein jour et sommeille[128] quelques instants. Il est ramené à la taille[129] d'un enfant. Comme aux enfants, je lui mets un morceau de gaze sur le visage à cause des mouches. 15 Je lui ai apporté une petite bouteille d'eau de Cologne et un éventail,[130] cela aide à supporter les dernières méchancetés[131] de la fièvre.

Il recommence à fumer. Nous fumons ensemble, sur la terrasse où je fais porter son lit. Je lui montre le jardin et lui dis: 20

— Dans quelques jours, je te porterai dans le jardin.

Il s'est inquiété de ses voisins, de leur nom, de leurs blessures. Il a, pour chacun, un mot de compassion qui vient du fond de la chair. Il me dit:

— J'ai appris que le petit Camus était mort. Pauvre Camus! 25

Des larmes remplissent ses yeux. J'en suis presque heureux. Il y avait trop longtemps qu'il n'avait pas pleuré. Il ajoute:

— Excusez-moi, j'avais vu quelquefois Camus. C'est un grand malheur!

127. délivré de quelque chose qui embarrasse
128. dort légèrement
129. grandeur
130. ce qu'on porte à la main pour se donner de l'air frais
131. actions méchantes

Il devient d'une sensibilité extraordinaire. Il est ému par tout ce qui se passe autour de lui, par la souffrance des autres, leur infortune propre. Il vibre comme une âme d'élite qu'une grande crise a exaltée.

5 Il ne parle de lui que pour humilier son malheur:

— C'est au ventre que Dumont est touché? Ah! mon Dieu, pour moi, les organes essentiels ne sont pas atteints;[132] je ne peux pas me plaindre.

Je le contemple avec admiration, mais j'attends encore quelque
10 chose, quelque chose ...

Il est surtout très intime avec Legrand.

Legrand est un tailleur de pierre au visage de jeune fille. Il a perdu un large morceau de crâne. Il a aussi perdu l'usage de la parole et on lui apprend les mots, comme à un bébé. Il commence à se lever
15 et s'empresse[133] autour du lit de Léglise pour lui rendre de menus[134] services. Il essaie de maîtriser[135] sa langue rebelle; n'y parvenant pas, il sourit et s'exprime[136] avec son limpide regard, si intelligent.

Léglise plaint[137] aussi celui-là:

— Ce doit être bien pénible de ne pouvoir parler.

20 Le petit paquet est à la tête du lit de Legrand; Léglise me le montre du menton et me dit à l'oreille:

— J'ai trouvé quelqu'un qui le lui a remis. Il ne sait pas de qui ça vient. Il fait mille suppositions; c'est bien amusant!

O Léglise, est-il donc vrai qu'il y ait encore quelque chose d'amu-
25 sant, et que ce soit d'être bon? Cela, cela seul ne vaut-il pas la peine de vivre?

Ainsi nous avons un grand secret entre nous deux. Toute la matinée, pendant que je vais et viens dans la salle, il me lance des coups d'œil d'intelligence et il rit à la dérobée. Legrand m'offre grave-

132. touchés
133. montre du zèle ou de l'affection
134. petits
135. se rendre maître de
136. manifeste (extérieurement) ses pensées ou ses sentiments
137. montre de la compassion pour

ment une des cigarettes: c'est tout juste si Léglise ne pouffe pas de rire.[138] Mais il sait bien cacher son jeu.

On l'a posé sur un lit voisin, pendant qu'on refait son lit. Il y reste bien sage,[139] ses deux gros pansements à l'air, et il chante une petite chanson comme celle des enfants au berceau.[140] Et puis, tout à coup, il se met à pleurer, à pleurer, avec de gros sanglots.

Je le serre contre moi et lui demande avec angoisse:

— Pourquoi? Pourquoi donc?

Alors il me dit d'une voix entrecoupée:

— Je pleure de joie et de reconnaissance.

Oh! Je n'en voulais pas tant. Je me sens bien heureux, bien soulagé. Je l'embrasse, nous nous embrassons; je crois bien que je pleure un peu aussi.

Je l'ai enveloppé dans un peignoir[141] de flanelle et je l'emporte dans mes bras. Je descends l'escalier du parc avec bien de la prudence, comme une mère qui porte pour la première fois son nouveau-né. Je crie: «Un fauteuil! un fauteuil!»

Pendant que je marche, il se cramponne[142] à mon cou et dit avec confusion:

— Je vais vous fatiguer.

Certes, non! Je suis trop content! Je ne donnerais ma place à personne. Le fauteuil a été installé sous les arbres, près des bosquets.[143] Je dépose Léglise entre les coussins.[144] On lui apporte un képi.[145] Il respire l'odeur de la verdure, des pelouses fauchées, du gravier[146] grillé[147] par le soleil. Il regarde la façade du château et dit:

— Je n'avais même pas vu l'endroit où j'ai failli mourir.

138. Léglise faillit rire involontairement
139. tranquille
140. lit d'un tout petit enfant
141. sorte de robe de chambre
142. s'attache avec force
143. petits bois
144. sacs remplis pour s'asseoir
145. une casquette militaire
146. gros sable mêlé de petites pierres
147. chauffé vivement

Tous les autres blessés qui se promènent dans les allées viennent lui faire visite, et, dirait-on, lui rendre hommage. Il leur parle avec une cordiale autorité. N'est-il pas leur chef à tous, par droit de souffrance et de sacrifice?

5   Deux heures se passent et il revient à son lit.

— Je suis un peu las, avoue-t-il; mais c'est si bon!

Qui donc, ce matin, parlait, dans la salle, de l'amour, du mariage, du foyer?[148]

Je jetais de temps en temps un coup d'œil à Léglise, il semblait
10   rêver et a murmuré:

— Oh! pour moi, maintenant ...

Alors je lui ai dit ce que je savais: je connais des jeunes filles qui ont juré de n'épouser qu'un mutilé. Eh bien! il faut croire aux serments des jeunes filles. La France est un pays encore plus riche de
15   cœur que de toute autre vertu. C'est un doux devoir que de rendre un bonheur à ceux qui en ont résigné tant d'autres. Et mille cœurs, à cette minute, m'approuvent, qui sont de généreux cœurs de femme.

Léglise m'écoute en hochant la tête. Il n'ose pas dire: non.

20   Léglise n'aura pas seulement la médaille militaire, mais encore la croix de guerre. Sa citation vient d'arriver. Il la lit en rougissant:

— Jamais je n'oserai montrer cela, dit-il, c'est considérablement exagéré.

Il me tend le papier où il est dit, en substance, que le caporal
25   Léglise s'est vaillamment[149] comporté,[150] sous une pluie de bombes, et qu'il a été amputé de la cuisse gauche.

— Je ne me suis pas vaillamment comporté, discute-t-il: j'étais à mon poste, voilà tout. Quant aux bombes, je n'en ai reçu qu'une.

Je ne peux accepter cette manière de voir.

30   — N'est-ce donc pas une vaillante attitude que d'être à ton poste avancé, si près de l'ennemi, tout seul en tête de tous les Fran-

148. domicile familial; **famille**
149. avec courage
150. **conduit**

çais? N'étaient-ils pas tous derrière toi, jusqu'au bout du pays, jusqu'aux Pyrénées? Ne s'en remettaient-ils pas tous avec confiance à[151] ton sang-froid, à ton coup d'œil, à ta vigilance? Tu n'as reçu qu'une bombe: mais je ne pense pas que tu eusses pu en recevoir plusieurs, et être encore des nôtres. D'ailleurs, la citation, loin 5 d'exagérer, est au contraire en déficit; elle dit que tu as donné une jambe et c'est les deux jambes que tu as données! Il me semble que cela compense largement ce qu'il pourrait y avoir d'excessif quant aux bombes ...

— Bien sûr! Bien sûr! concède Léglise en riant. Mais je ne vou- 10 drais pas me faire passer pour un héros.

— Mon ami, on ne te demandera pas ton avis pour te juger et t'honorer. Il suffira de regarder ton corps.

Et il a fallu nous séparer, parce que la guerre continue et qu'elle fait tous les jours de nouveaux blessés. 15

Léglise est parti presque guéri. Il est parti avec des camarades, et il n'était pas le moins gai de tous.

«J'étais le plus grand blessé du train», m'a-t-il écrit, non sans un léger orgueil.

Depuis, Léglise m'écrit souvent. Ses lettres respirent un contente- 20 ment calme. Je les reçois et les lis au hasard de la campagne:[152] sur les routes, dans les salles où d'autres blessés gémissent, dans les champs parcourus par les galops de la canonnade.

Toujours il se trouve auprès de moi quelque chose pour mur- murer, dans un muet langage: «Tu vois, tu vois qu'il avait tort 25 d'aimer mieux mourir!»

Je le crois sincèrement et c'est pourquoi j'ai raconté son histoire. Tu me le pardonneras, n'est-ce pas, Léglise, mon ami?

GEORGES DUHAMEL[153]
(La Vie des Martyrs,
© *Mercure de France*)

---

151. Ne faisaient-ils pas confiance à
152. quand la campagne le permet
153. 1884-1966

EXPRESSIONS IDIOMATIQUES

Employez chacune des expressions suivantes dans une phrase qui en fera bien comprendre le sens:

1. afin de. 2. à la dérobée. 3. aller mieux. 4. à quoi penser. 5. au-dessus de. 6. avec peine. 7. avoir honte. 8. avoir peur. 9. du fond. 10. faillir (*plus l'infinitif*). 11. faire peur à. 12. quant à.

23

Les Camarades (extrait)

BOXEUR vainqueur,[1] mais marqué des grands coups reçus, tu re-
vivais ton étrange aventure. Et tu t'en délivrais par bribes.[2] Et je
t'apercevais, au cours de ton récit nocturne, marchant, sans piolet,[3]
sans cordes, sans vivres,[4] escaladant des cols[5] de quatre mille cinq
cents mètres, ou progressant le long de parois[6] verticales, saignant   5
des pieds, des genoux et des mains, par quarante degrés de froid.
Vidé peu à peu de ton sang, de tes forces, de ta raison, tu avançais
avec un entêtement[7] de fourmi, revenant sur tes pas[8] pour con-
tourner[9] l'obstacle, te relevant après les chutes,[10] ou remontant
celles des pentes[11] qui n'aboutissaient[12] qu'à l'abîme,[13] ne t'accor- 10
dant enfin aucun repos, car tu ne te serais pas relevé du lit de neige.

1. celui qui gagne
2. phrases détachées
3. bâton dont la pointe est en fer et qui est employé par un alpiniste
4. aliments; ce qu'on mange
5. endroits où on peut passer entre deux montagnes
6. murs ou élévations dans la montagne
7. une obstination aveugle
8. refaisant le chemin déjà parcouru
9. faire le tour de
10. actions de tomber
11. côtés d'une colline ou d'une montagne
12. se terminaient
13. gorge profonde

Et, en effet, quand tu glissais, tu devais te redresser vite, afin de n'être point changé en pierre. Le froid te pétrifiait de seconde en seconde, et, pour avoir goûté,[14] après la chute, une minute de repos de trop, tu devais faire jouer, pour te relever, des muscles morts.

5   Tu résistais aux tentations.[15] «Dans la neige, me disais-tu, on perd tout instinct de conservation. Après deux, trois, quatre jours de marche, on ne souhaite plus que le sommeil. Je le souhaitais. Mais je me disais: Ma femme, si elle croit que je vis, croit que je marche. Les camarades croient que je marche. Ils ont tous confiance en moi.
10 Et je suis un salaud[16] si je ne marche pas.»

Et tu marchais, et de la pointe du canif tu entamais,[17] chaque jour un peu plus, l'échancrure[18] de tes souliers, pour que tes pieds qui gelaient et gonflaient, y pussent tenir.

Tu m'as fait cette étrange confidence:

15 «Dès le second jour, vois-tu, mon plus gros travail fut de m'empêcher de penser. Je souffrais trop, et ma situation était par trop désespérée. Pour avoir le courage de marcher, je ne devais pas la considérer. Malheureusement, je contrôlais mal mon cerveau,[19] il travaillait comme une turbine. Mais je pouvais lui choisir encore
20 ses images. Je l'emballais sur[20] un film, sur un livre. Et le film ou le livre défilait en moi à toute allure.[21] Puis ça me ramenait à ma situation présente. Immanquablement.[22] Alors je le lançais sur d'autres souvenirs ...»

Une fois cependant, ayant glissé, allongé[23] à plat ventre dans la
25 neige, tu renonças à te relever. Tu étais semblable au boxeur qui, vidé d'un coup de toute passion, entend les secondes tomber une à

---

14. apprécié
15. mouvements intérieurs ou impulsions qui invitent au mal
16. une personne sale ou déshonorable
17. coupais légèrement
18. la surface extérieure et arrondie
19. organe situé dans la tête
20. enthousiasmais pour
21. à toute vitesse
22. Toujours sans faute.
23. couché

une dans un univers étranger, jusqu'à la dixième qui est sans appel.

«J'ai fait ce que j'ai pu et je n'ai point d'espoir, pourquoi m'obstiner dans ce martyre?» Il te suffisait de fermer les yeux pour faire la paix dans le monde. Pour effacer du monde les rocs, les glaces et les neiges. A peine closes, ces paupières[24] miraculeuses, il n'était 5
plus ni coups, ni chutes, ni muscles déchirés, ni gel brûlant, ni ce poids de la vie à traîner quand on va comme un bœuf, et qu'elle se fait plus lourde qu'un char. Déjà, tu le goûtais, ce froid devenu poison, et qui, semblable à la morphine, t'emplissait[25] maintenant de béatitude.[26] Ta vie se réfugiait autour du cœur. Quelque chose 10
de doux et de précieux se blottissait[27] au centre de toi-même. Ta conscience peu à peu abandonnait les régions lointaines de ce corps qui, bête jusqu'alors gorgée[28] de souffrances, participait déjà de[29] l'indifférence du marbre.

Tes scrupules mêmes s'apaisaient.[30] Nos appels ne t'atteignaient 15
plus, ou, plus exactement, se changeaient pour toi en appels de rêve. Tu répondais heureux par une marche de rêve, par de longues enjambées faciles, qui t'ouvraient sans efforts les délices[31] des plaines. Avec quelle aisance[32] tu glissais dans un monde devenu si tendre pour toi! Ton retour, Guillaumet, tu décidais, avare,[33] de 20
nous le refuser.

Les remords[34] vinrent de l'arrière-fond[35] de ta conscience. Au songe[36] se mêlaient soudain des détails précis. «Je pensais à ma

24. ce qui recouvre le globe de l'œil
25. remplissait
26. bonheur complet
27. se faisait tout petit pour se cacher
28. remplie
29. montrait déjà
30. se calmaient
31. plaisirs
32. facilité
33. personne qui dépense le moins qu'elle peut
34. reproches
35. la profondeur
36. rêve

femme. Ma police d'assurance lui épargnerait[37] la misère. Oui, mais l'assurance ...»

Dans le cas d'une disparition, la mort légale est différée[38] de quatre années. Ce détail t'apparut éclatant,[39] effaçant les autres
5 images. Or, tu étais étendu à plat ventre sur une forte pente de neige. Ton corps, l'été venu, roulerait avec cette boue vers une des mille crevasses des Andes. Tu le savais. Mais tu savais aussi qu'un rocher[40] émergeait à cinquante mètres devant toi: «J'ai pensé: si je me relève, je pourrai peut-être l'atteindre. Et si je cale[41] mon corps
10 contre la pierre, l'été venu on le retrouvera.»

Une fois debout, tu marchas deux nuits et trois jours.

Mais tu ne pensais guère aller loin:

«Je devinai la fin à beaucoup de signes. Voici l'un d'eux. J'étais contraint de faire halte toutes les deux heures environ, pour fen-
15 dre[42] un peu plus mon soulier, frictionner de neige mes pieds qui gonflaient, ou simplement pour laisser reposer mon cœur. Mais vers les derniers jours je perdais la mémoire. J'étais reparti depuis longtemps déjà, lorsque la lumière se faisait en moi: j'avais chaque fois oublié quelque chose. La première fois, ce fut un gant, et c'était
20 grave par ce froid! Je l'avais déposé devant moi et j'étais reparti sans le ramasser. Ce fut ensuite ma montre. Puis mon canif. Puis ma boussole.[43] A chaque arrêt je m'appauvrissais ...[44]

«Ce qui sauve, c'est de faire un pas. Encore un pas. C'est toujours le même pas que l'on recommence ...»
25 «Ce que j'ai fait, je le jure, jamais aucune bête ne l'aurait fait.» Cette phrase, la plus noble que je connaisse, cette phrase qui situe l'homme, qui l'honore, qui rétablit les hiérarchies vraies, me reve- nait à la mémoire. Tu t'endormais enfin, ta conscience était abolie,

37. protégerait contre
38. retardée
39. très évident; très important
40. une très grosse pierre
41. fixe; attache
42. couper
43. instrument qui montre la direction du nord
44. devenais plus pauvre

mais de ce corps démantelé,[45] fripé, brûlé, elle allait renaître au réveil, et de nouveau le dominer. Le corps, alors, n'est plus qu'un bon outil, le corps n'est plus qu'un serviteur. Et, cet orgueil du bon outil, tu savais l'exprimer aussi, Guillaumet:

«Privé de[46] nourriture, tu t'imagines bien qu'au troisième jour de marche ... mon cœur, ça n'allait plus très fort ... Eh bien! le long d'une pente verticale, sur laquelle je progressais, suspendu au-dessus du vide, creusant des trous pour loger mes poings, voilà que mon cœur tombe en panne.[47] Ça hésite, ça repart. Ça bat de travers.[48] Je sens que s'il hésite une seconde de trop, je lâche. Je ne bouge plus et j'écoute en moi. Jamais, tu m'entends? Jamais en avion je ne me suis senti accroché d'aussi près à mon moteur, que je ne me suis senti, pendant ces quelques minutes-là, suspendu à mon cœur. Je lui disais: Allons, un effort! Tâche de battre encore ... Mais c'était un cœur de bonne qualité! Il hésitait, puis repartait toujours ... Si tu savais combien j'étais fier[49] de ce cœur!»

Dans la chambre de Mendoza où je te veillais, tu t'endormais enfin d'un sommeil essoufflé.[50] Et je pensais: Si on lui parlait de son courage, Guillaumet hausserait les épaules.[51] Mais on le trahirait[52] aussi en célébrant sa modestie. Il se situe bien au-delà de cette qualité médiocre. S'il hausse les épaules, c'est par sagesse. Il sait qu'une fois pris dans l'événement, les hommes ne s'en effraient plus. Seul l'inconnu épouvante les hommes. Mais, pour quiconque[53] l'affronte, il n'est déjà plus l'inconnu. Surtout si on l'observe avec cette gravité lucide. Le courage de Guillaumet, avant tout, est un effet de sa droiture.[54]

45. démoli; ruiné
46. Sans
47. s'arrête
48. obliquement; irrégulièrement
49. enchanté
50. qui a une respiration difficile
51. lèverait les épaules en signe d'indifférence
52. se montrerait injuste envers lui
53. n'importe qui
54. qualité d'être juste

Sa véritable qualité n'est point là. Sa grandeur, c'est de se sentir responsable. Responsable de lui, du courrier[55] et des camarades qui espèrent. Il tient dans ses mains leur peine ou leur joie. Responsable de ce qui se bâtit de neuf, là-bas, chez les vivants, à quoi il doit
5 participer. Responsable un peu du destin des hommes, dans la mesure de[56] son travail.

Il fait partie des êtres[57] larges qui acceptent de couvrir de larges horizons de leur feuillage.[58] Être homme, c'est précisément être responsable. C'est connaître la honte en face d'une misère qui ne
10 semblait pas dépendre de soi.[59] C'est être fier d'une victoire que les camarades ont remportée.[60] C'est sentir, en posant[61] sa pierre, que l'on contribue à bâtir le monde.

On veut confondre[62] de tels hommes avec les toréadors[63] ou les joueurs.[64] On vante[65] leur mépris[66] de la mort. Mais je me moque
15 bien du mépris de la mort. S'il ne tire pas ses racines[67] d'une responsabilité acceptée, il n'est que signe de pauvreté ou d'excès de jeunesse. J'ai connu un suicidé jeune. Je ne sais plus quel chagrin d'amour l'avait poussé à se tirer soigneusement une balle dans le cœur. Je ne sais à quelle tentation littéraire il avait cédé en habil-
20 lant ses mains de gants blancs, mais je me souviens d'avoir ressenti en face de cette triste parade une impression non de noblesse mais de misère. Ainsi, derrière ce visage aimable, sous ce crâne d'homme, il n'y avait rien eu, rien. Sinon l'image de quelque sotte petite fille semblable à d'autres.

55. ensemble de lettres qu'on transporte (en avion)
56. dans la limite de
57. personnes
58. ensemble des feuilles d'un arbre; influence
59. *pronom personnel de la 3e personne qui se rapporte au sujet*
60. obtenue
61. fixant quelque chose à la place qu'elle doit occuper
62. prendre une personne pour une autre
63. ceux qui combattent les taureaux dans les courses de taureaux
64. personnes qui ont la passion des jeux d'argent
65. célèbre le mérite de
66. manque ou absence de peur
67. origines

Face à cette destinée maigre,[68] je me rappelais une vraie mort d'homme. Celle d'un jardinier, qui me disait: «Vous savez ... parfois je suais quand je bêchais.[69] Mon rhumatisme me tirait la jambe, et je pestais[70] contre cet esclavage.[71] Eh bien, aujourd'hui, je voudrais bêcher, bêcher dans la terre. Bêcher, ça me paraît tellement beau! 5 On est tellement libre quand on bêche! Et puis, qui va tailler aussi mes arbres?» Il laissait une terre en friche.[72] Il laissait une planète en friche. Il était lié d'amour à toutes les terres et à tous les arbres de la terre. C'était lui le généreux, le prodigue,[73] le grand seigneur! C'était lui, comme Guillaumet, l'homme courageux, quand il lut- 10 tait au nom de sa Création, contre la mort.

ANTOINE DE SAINT-EXUPÉRY
(*Antoine de Saint-Exupéry,*
Terre des Hommes,
© *Éditions Gallimard*)

EXPRESSIONS IDIOMATIQUES

Employez chacune des expressions suivantes dans une phrase qui en fera bien comprendre le sens:

1. à plat ventre.   2. au cours de.   3. avoir confiance en.
4. de trop.   5. face à.   6. faire un pas.   7. revenir sur ses pas.

---

68. de peu d'importance
69. ouvrais et retournais la terre avec une pelle
70. montrais (*en paroles*) de l'irritation
71. condition d'être sous le contrôle d'un autre
72. non cultivée
73. *synonyme de* généreux

24

L'Hôte[1]

L'INSTITUTEUR[2] regardait les deux hommes monter vers lui.
L'un était à cheval, l'autre à pied. Ils n'avaient pas encore entamé[3]
le raidillon[4] abrupt qui menait[5] à l'école, bâtie au flanc[6] d'une
colline. Ils peinaient,[7] progressant lentement dans la neige, entre
les pierres, sur l'immense étendue[8] du haut plateau désert. De
temps en temps, le cheval bronchait[9] visiblement. On ne l'entendait pas encore, mais on voyait le jet de vapeur qui sortait alors de
ses naseaux.[10] L'un des hommes, au moins, connaissait le pays. Ils
suivaient la piste qui avait pourtant disparu depuis plusieurs jours
sous une couche[11] blanche et sale. L'instituteur calcula qu'ils ne
seraient pas sur la colline avant une demi-heure. Il faisait froid; il
rentra dans l'école pour chercher un chandail.[12]

1. personne qui reçoit l'hospitalité
2. personne chargée de l'instruction primaire
3. commencé
4. court chemin en pente rapide
5. conduisait
6. côté
7. se donnaient du mal
8. espace
9. faisait un faux (*mauvais*) pas
10. parties du nez d'un cheval
11. substance appliquée sur une autre
12. tricot

Il traversa la salle de classe, vide et glacée. Sur le tableau noir les quatre fleuves de France, dessinés avec quatre craies de couleurs différentes, coulaient vers leur estuaire[13] depuis trois jours. La neige était tombée brutalement à la mi-octobre, après huit mois de sécheresse,[14] sans que la pluie eût apporté une transition, et la ving-   5 taine d'élèves qui habitaient dans les villages disséminés[15] sur le plateau ne venaient plus. Il fallait attendre le beau temps. Daru ne chauffait plus que l'unique pièce qui constituait son logement, at- tenant à[16] la classe, et ouvrant aussi sur le plateau à l'est. Une fenê- tre donnait encore, comme celles de la classe, sur le midi. De ce côté,   10 l'école se trouvait à quelques kilomètres de l'endroit où le plateau commençait à descendre vers le sud. Par temps clair, on pouvait apercevoir les masses violettes du contrefort montagneux[17] où s'ouvrait la porte du désert.

Un peu réchauffé, Daru retourna à la fenêtre d'où il avait, pour   15 la première fois, aperçu les deux hommes. On ne les voyait plus. Ils avaient donc attaqué le raidillon. Le ciel était moins foncé: dans la nuit, la neige avait cessé de tomber. Le matin s'était levé sur une lumière sale qui s'était à peine renforcée à mesure que le plafond de nuages remontait. A deux heures de l'après-midi, on eût dit que   20 la journée commençait seulement. Mais cela valait mieux que ces trois jours où l'épaisse neige tombait au milieu des ténèbres[18] in- cessantes, avec de petites sautes[19] de vent qui venaient secouer la double porte de la classe. Daru patientait[20] alors de longues heures dans sa chambre dont il ne sortait que pour aller sous l'appentis,[21]   25 soigner les poules et puiser[22] dans la provision de charbon. Heu-

13. partie d'une rivière envahie par la mer
14. absence de pluie
15. dispersés
16. à côté de
17. chaîne secondaire de montagnes
18. obscurité profonde
19. changements brusques
20. attendait avec patience
21. petit bâtiment qui touche à un autre
22. prendre

reusement, la camionnette de Tadjid, le village le plus proche au
nord, avait apporté le ravitaillement[23] deux jours avant la tour-
mente.[24] Elle reviendrait dans quarante-huit heures.

    Il avait d'ailleurs de quoi[25] soutenir un siège, avec les sacs de blé
5 qui encombraient la petite chambre et que l'administration lui laissait en réserve pour distribuer à ceux de ses élèves dont les familles
avaient été victimes de la sécheresse. En réalité, le malheur les avait
tous atteints puisque tous étaient pauvres. Chaque jour, Daru dis-
tribuait une ration aux petits. Elle leur avait manqué, il le savait
10 bien, pendant ces mauvais jours. Peut-être un des pères ou des
grands frères viendrait ce soir et il pourrait les ravitailler en grains.
Il fallait faire la soudure[26] avec la prochaine récolte, voilà tout.
Des navires[27] de blé arrivaient maintenant de France, le plus dur
était passé. Mais il serait difficile d'oublier cette misère, cette armée
15 de fantômes[28] haillonneux[29] errant dans le soleil, les plateaux cal-
cinés[30] mois après mois, la terre recroquevillée[31] peu à peu, litté-
ralement torréfiée,[32] chaque pierre éclatant en poussière sous le
pied. Les moutons mouraient alors par milliers et quelques hommes, çà et là, sans qu'on puisse toujours le savoir.

20   Devant cette misère, lui qui vivait presque en moine dans son
école perdue, content d'ailleurs du peu qu'il avait, et de cette vie
rude, s'était senti un seigneur,[33] avec ses murs crépis,[34] son divan
étroit, ses étagères[35] de bois blanc, son puits, et son ravitaillement
hebdomadaire[36] en eau et en nourriture. Et, tout d'un coup, cette

23. les vivres nécessaires
24. tempête
25. assez pour
26. satisfaire aux besoins à la fin d'une période entre deux récoltes
27. bateaux importants
28. spectres
29. couverts de vêtements en mauvais état
30. brûlés ou desséchés
31. contractée
32. brûlée; rôtie
33. autrefois celui qui avait des terres et commandait aux autres
34. couverts de plâtre
35. meubles formés de tablettes (*planches*) placées par étages
36. de la semaine

neige, sans avertissement,[37] sans la détente[38] de la pluie. Le pays était ainsi, cruel à vivre, même sans les hommes, qui, pourtant, n'arrangeaient rien. Mais Daru y était né. Partout ailleurs,[39] il se sentait exilé.

Il sortit et avança sur le terre-plein[40] devant l'école. Les deux hommes étaient maintenant à mi-pente.[41] Il reconnut dans le cavalier, Balducci, le vieux gendarme qu'il connaissait depuis longtemps. Balducci tenait au bout d'une corde un Arabe qui avançait derrière lui, les mains liées, le front baissé. Le gendarme fit un geste de salutation auquel Daru ne répondit pas, tout entier occupé à regarder l'Arabe vêtu d'une djellabah[42] autrefois bleue, les pieds dans des sandales, mais couverts de chaussettes en grosse laine grège,[43] la tête coiffée[44] d'un chèche[45] étroit et court. Ils approchaient. Balducci maintenait sa bête au pas[46] pour ne pas blesser l'Arabe et le groupe avançait lentement.

A portée de voix, Balducci cria: «Une heure pour faire les trois kilomètres d'El Ameur ici!» Daru ne répondit pas. Court et carré dans son chandail épais, il les regardait monter. Pas une seule fois, l'Arabe n'avait levé la tête. «Salut,[47] dit Daru, quand ils débouchèrent[48] sur le terre-plein. Entrez vous réchauffer.» Balducci descendit péniblement de sa bête, sans lâcher la corde. Il sourit à l'instituteur sous ses moustaches hérissées.[49] Ses petits yeux sombres, très enfoncés[50] sous le front basané,[51] et sa bouche entourée de rides,[52] lui

37. action d'appeler à l'attention; action d'informer
38. le calme; le repos
39. en d'autres lieux
40. surface plate qui sert de terrain
41. à la moitié de la pente
42. vêtement porté par les gens du Maroc
43. non préparée
44. couverte
45. sorte de turban
46. marche lente
47. Bonjour
48. arrivèrent
49. levées
50. poussés en arrière
51. bruni; tanné
52. plis

donnaient un air attentif et appliqué.[53] Daru prit la bride, conduisit la bête vers l'appentis, et revint vers les deux hommes qui
l'attendaient maintenant dans l'école. Il les fit pénétrer dans sa
chambre. «Je vais chauffer la salle de classe, dit-il. Nous y serons
plus à l'aise.»[54] Quand il entra de nouveau dans la chambre, Balducci était sur le divan. Il avait dénoué la corde qui le liait à l'Arabe
et celui-ci s'était accroupi[55] près du poêle. Les mains toujours liées,
le chèche maintenant poussé en arrière, il regardait vers la fenêtre.
Daru ne vit d'abord que ses énormes lèvres, pleines, lisses,[56] presque
négroïdes; le nez cependant était droit, les yeux sombres, pleins de
fièvre. Le chèche découvrait[57] un front buté[58] et, sous la peau re-
cuite mais un peu décolorée par le froid, tout le visage avait un air
à la fois inquiet et rebelle qui frappa Daru quand l'Arabe, tournant
son visage vers lui, le regarda droit dans les yeux. «Passez à côté,[59]
dit l'instituteur, je vais vous faire du thé à la menthe.[60] — Merci,
dit Balducci. Quelle corvée![61] Vivement la retraite.»[62] Et s'adres-
sant en arabe à son prisonnier: «Viens, toi.» L'Arabe se leva et, lentement, tenant ses poignets joints devant lui, passa dans l'école.

Avec le thé, Daru apporta une chaise. Mais Balducci trônait[63]
déjà sur la première table d'élève et l'Arabe s'était accroupi contre
l'estrade[64] du maître, face au poêle qui se trouvait entre le bureau
et la fenêtre. Quand il tendit le verre de thé au prisonnier, Daru
hésita devant ses mains liées. «On peut le délier, peut-être. — Sûr,
dit Balducci. C'était pour le voyage.» Il fit mine[65] de se lever. Mais

53. concentré
54. mieux
55. assis sur ses talons
56. polies; unies (*sans irrégularités*)
57. laissait paraître
58. obstiné
59. dans la chambre à côté
60. plante odorante
61. travail pénible
62. action de se retirer de l'activité des affaires
63. était assis comme un roi sur son trône
64. petit plancher élevé
65. semblant

Daru, posant le verre sur le sol, s'était agenouillé près de l'Arabe. Celui-ci, sans rien dire, le regardait faire de ses yeux fiévreux. Les mains libres, il frotta l'un contre l'autre ses poignets gonflés, prit le verre de thé et aspira[66] le liquide brûlant, à petites gorgées[67] rapides. 5

«Bon, dit Daru. Et comme ça, où allez-vous?»

Balducci retira sa moustache du thé: «Ici, fils.

— Drôles d'élèves! Vous couchez ici?

— Non. Je vais retourner à El Ameur. Et toi, tu livreras[68] le camarade à Tinguit. On l'attend à la commune mixte.»[69] 10

Balducci regardait Daru avec un petit sourire d'amitié.

«Qu'est-ce que tu racontes,[70] dit l'instituteur. Tu te fous[71] de moi?

— Non, fils. Ce sont les ordres.

— Les ordres? Je ne suis pas ...» Daru hésita; il ne voulait pas 15 peiner le[72] vieux Corse. «Enfin, ce n'est pas mon métier.

— Eh! Qu'est-ce que ça veut dire? A la guerre, on fait tous les métiers.

— Alors, j'attendrai la déclaration de guerre!»

Balducci approuva de la tête. 20

«Bon. Mais les ordres sont là et ils te concernent aussi. Ça bouge,[73] paraît-il. On parle de révolte prochaine. Nous sommes mobilisés, dans un sens.»

Daru gardait son air buté.

«Écoute, fils, dit Balducci. Je t'aime bien, il faut comprendre. 25 Nous sommes une douzaine à El Ameur pour patrouiller[74] dans le

---

66. attira (dans sa bouche)
67. quantités de liquide que l'on peut boire en une seule fois
68. mettras au pouvoir de la police
69. division territoriale administrée par un maire et un conseil municipal (sub-division d'un arrondissement) et ayant une population de races mixtes
70. De quoi parles-tu
71. Tu te moques
72. causer de la peine au
73. devient agité
74. faire une surveillance (ou une reconnaissance)

territoire d'un petit département et je dois rentrer. On m'a dit de te confier ce zèbre[75] et de rentrer sans tarder. On ne pouvait pas le garder là-bas. Son village s'agitait, ils voulaient le reprendre. Tu dois le mener à Tinguit dans la journée de demain. Ce n'est pas

5 une vingtaine de kilomètres qui font peur à un costaud[76] comme toi. Après, ce sera fini. Tu retrouveras tes élèves et la bonne vie.»

Derrière le mur, on entendit le cheval s'ébrouer[77] et frapper du sabot.[78] Daru regardait par la fenêtre. Le temps se levait[79] décidément, la lumière s'élargissait[80] sur le plateau neigeux. Quand toute

10 la neige serait fondue, le soleil régnerait de nouveau et brûlerait une fois de plus les champs de pierre. Pendant des jours, encore, le ciel inaltérable déverserait[81] sa lumière sèche sur l'étendue solitaire où rien ne rappelait l'homme.

«Enfin, dit-il en se retournant vers Balducci, qu'est-ce qu'il a

15 fait?» Et il demanda, avant que le gendarme ait ouvert la bouche: «Il parle français?

— Non, pas un mot. On le recherchait depuis un mois, mais ils le cachaient. Il a tué son cousin.

— Il est contre nous?

20 — Je ne crois pas. Mais on ne peut jamais savoir.

— Pourquoi a-t-il tué?

— Des affaires de famille, je crois. L'un devait du grain à l'autre, paraît-il. Ça n'est pas clair. Enfin, bref, il a tué le cousin d'un coup de serpe.[82] Tu sais, comme au mouton, zic! ...»[83]

25 Balducci fit le geste de passer une lame sur sa gorge et l'Arabe, son attention attirée, le regardait avec une sorte d'inquiétude. Une

---

75. «animal»; type
76. homme vigoureux
77. respirer fortement
78. pied d'un cheval
79. commençait à s'éclaircir
80. s'étendait
81. ferait couler
82. instrument coupant employé pour tailler les arbres et les plantes
83. *mot qui représente le bruit d'une action rapide*

colère subite[84] vint à Daru contre cet homme, contre tous les hommes et leur sale méchanceté, leurs haines[85] inlassables,[86] leur folie[87] du sang.

Mais la bouilloire[88] chantait sur le poêle. Il resservit du thé à Balducci, hésita, puis servit à nouveau l'Arabe qui, une seconde 5 fois, but avec avidité.[89] Ses bras soulevés entrebâillaient[90] maintenant la djellabah et l'instituteur aperçut sa poitrine maigre et musclée.

«Merci, petit, dit Balducci. Et maintenant, je file.»

Il se leva et se dirigea vers l'Arabe, en tirant une cordelette de sa 10 poche.

«Qu'est-ce que tu fais?» demanda sèchement[91] Daru.

Balducci, interdit, lui montra la corde.

«Ce n'est pas la peine.»

Le vieux gendarme hésita: 15

«Comme tu voudras. Naturellement, tu es armé?

— J'ai mon fusil de chasse.

— Où?

— Dans la malle.[92]

— Tu devrais l'avoir près de ton lit.   20

— Pourquoi? Je n'ai rien à craindre.

— Tu es sonné,[93] fils. S'ils se soulèvent,[94] personne n'est à l'abri,[95] nous sommes tous dans le même sac.[96]

— Je me défendrai. J'ai le temps de les voir arriver.»

84. soudaine
85. sentiments de désirer faire du mal à quelqu'un
86. infatigables
87. passion excessive
88. récipient destiné à faire bouillir de l'eau
89. désir excessif
90. ouvraient un peu
91. brusquement; froidement
92. sorte de grande valise
93. fou
94. ils entrent en révolte
95. hors de danger
96. situation

Balducci se mit à rire, puis la moustache vint soudain recouvrir les dents encore blanches.

«Tu as le temps? Bon. C'est ce que je disais. Tu as toujours été un peu fêlé.[97] C'est pour ça que je t'aime bien, mon fils était comme
5   ça.»

Il tirait en même temps son revolver et le posait sur le bureau.

«Garde-le, je n'ai pas besoin de deux armes d'ici El Ameur.»

Le revolver brillait sur la peinture noire de la table. Quand le gendarme se retourna vers lui, l'instituteur sentit son odeur de cuir
10   et de cheval.

«Écoute, Balducci, dit Daru soudainement, tout ça me dégoûte,[98] et ton gars[99] le premier. Mais je ne le livrerai pas. Me battre, oui, s'il le faut. Mais pas ça.»

Le vieux gendarme se tenait devant lui et le regardait avec sévé-
15   rité.

«Tu fais des bêtises,[100] dit-il lentement. Moi non plus, je n'aime pas ça. Mettre une corde à un homme, malgré les années, on ne s'y habitue pas et même, oui, on a honte. Mais on ne peut pas les laisser faire.

20   — Je ne le livrerai pas, répéta Daru.

— C'est un ordre, fils. Je te le répète.

— C'est ça. Répète-leur ce que je t'ai dit: je ne le livrerai pas.»

Balducci faisait un visible effort de réflexion. Il regardait l'Arabe et Daru. Il se décida enfin.

25   «Non. Je ne leur dirai rien. Si tu veux nous lâcher, à ton aise,[101] je ne te dénoncerai pas. J'ai l'ordre de livrer le prisonnier: je le fais. Tu vas maintenant me signer le papier.

— C'est inutile. Je ne nierai[102] pas que tu me l'as laissé.

97. fou
98. inspire de l'aversion
99. garçon; jeune homme
100. actions ou paroles bêtes
101. comme il te plaira
102. contesterai

— Ne sois pas méchant avec moi. Je sais que tu diras la vérité. Tu es d'ici, tu es un homme. Mais tu dois signer, c'est la règle.[103]

Daru ouvrit son tiroir,[104] tira une petite bouteille carrée d'encre violette, le porte-plume de bois rouge avec la plume sergent-major[105] qui lui servait à tracer les modèles d'écriture et il signa. Le gendarme plia soigneusement le papier et le mit dans son portefeuille. Puis il se dirigea vers la porte.

«Je vais t'accompagner, dit Daru.

— Non, dit Balducci. Ce n'est pas la peine d'être poli. Tu m'as fait un affront.»

Il regarda l'Arabe, immobile, à la même place, renifla d'un air chagrin et se détourna vers la porte: «Adieu, fils», dit-il. La porte battit derrière lui. Balducci surgit[106] devant la fenêtre puis disparut. Ses pas étaient étouffés[107] par la neige. Le cheval s'agita derrière la cloison,[108] des poules s'effarèrent. Un moment après, Balducci repassa devant la fenêtre tirant le cheval par la bride. Il avançait vers le raidillon sans se retourner, disparut le premier et le cheval le suivit. On entendit une grosse pierre rouler mollement. Daru revint vers le prisonnier qui n'avait pas bougé, mais ne le quittait pas des yeux. «Attends», dit l'instituteur en arabe, et il se dirigea vers la chambre. Au moment de passer le seuil, il se ravisa,[109] alla au bureau, prit le revolver et le fourra[110] dans sa poche. Puis, sans se retourner, il entra dans sa chambre.

Longtemps, il resta étendu sur son divan à regarder le ciel se fermer peu à peu, à écouter le silence. C'était ce silence qui lui avait paru pénible les premiers jours de son arrivée, après la guerre. Il avait demandé un poste dans la petite ville au pied des contreforts qui séparent du désert les hauts plateaux. Là, des murailles rocheu-

---

103. comme le veut la loi
104. partie intérieure d'un meuble (bureau ou table) qu'on peut faire sortir
105. sous-officier qui tient les comptes
106. apparut brusquement
107. rendus silencieux
108. mur peu épais séparant deux pièces
109. changea d'opinion
110. mit (*à l'intérieur*)

ses,[111] vertes et noires au nord, roses ou mauves[112] au sud, marquaient la frontière de l'éternel été. On l'avait nommé à un poste plus au nord, sur le plateau même. Au début, la solitude et le silence lui avaient été durs sur ces terres ingrates,[113] habitées seulement par
5   des pierres. Parfois, des sillons[114] faisaient croire à des cultures, mais ils avaient été creusés pour mettre au jour[115] une certaine pierre, propice[116] à la construction. On ne labourait ici que pour récolter des cailloux.[117] D'autres fois, on grattait[118] quelques copeaux[119] de terre, accumulée dans des creux, dont on engraisserait[120] les maigres
10 jardins des villages. C'était ainsi, le caillou seul couvrait les trois quarts de ce pays. Les villes y naissaient, brillaient, puis disparaissaient; les hommes y passaient, s'aimaient ou se mordaient à la gorge, puis mouraient. Dans ce désert, personne, ni lui ni son hôte n'étaient rien. Et pourtant, hors de ce désert, ni l'un ni l'autre,
15 Daru le savait, n'auraient pu vivre vraiment.

Quand il se leva, aucun bruit ne venait de la salle de classe. Il s'étonna de cette joie franche qui lui venait à la seule pensée que l'Arabe avait pu fuir et qu'il allait se retrouver seul sans avoir rien à décider. Mais le prisonnier était là. Il s'était seulement couché de
20 tout son long entre le poêle et le bureau. Les yeux ouverts, il regardait le plafond. Dans cette position, on voyait surtout ses lèvres épaisses qui lui donnaient un air boudeur,[121] «Viens», dit Daru. L'Arabe se leva et le suivit. Dans la chambre, l'instituteur lui montra une chaise près de la table, sous la fenêtre. L'Arabe prit
25 place sans cesser de regarder Daru.

«Tu as faim?

111. couvertes de masses de pierres
112. couleur violet pâle
113. stériles
114. longues tranchées faites par une charrue
115. exposer
116. favorable
117. petites pierres
118. cultivait avec difficulté
119. morceaux
120. rendrait plus fertile
121. de mauvaise humeur

— Oui», dit le prisonnier.

Daru installa deux couverts.[122] Il prit de la farine et de l'huile, pétrit[123] dans un plat une galette[124] et alluma le petit fourneau à butagaz.[125] Pendant que la galette cuisait, il sortit pour ramener de l'appentis du fromage, des œufs, des dattes et du lait condensé.   5
Quand la galette fut cuite, il la mit à refroidir sur le rebord de la fenêtre, fit chauffer du lait condensé étendu[126] d'eau et, pour finir, battit les œufs en omelette. Dans un de ses mouvements, il heurta le revolver enfoncé[127] dans sa poche droite. Il posa le bol, passa dans la salle de classe et mit le revolver dans le tiroir de son bureau. 10
Quand il revint dans la chambre, la nuit tombait. Il donna de la lumière et servit l'Arabe: «Mange», dit-il. L'autre prit un morceau de galette, le porta vivement à sa bouche et s'arrêta.

«Et toi? dit-il.

— Après toi. Je mangerai aussi.»   15

Les grosses lèvres s'ouvrirent un peu, l'Arabe hésita, puis il mordit résolument dans la galette.

Le repas fini, l'Arabe regardait l'instituteur.

«C'est toi le juge?

— Non, je te garde jusqu'à demain.   20

— Pourquoi tu manges avec moi?

— J'ai faim.»

L'autre se tut. Daru se leva et sortit. Il ramena un lit de camp de l'appentis, l'étendit entre la table et le poêle, perpendiculairement à son propre lit. D'une grande valise qui, debout dans un coin, ser- 25
vait d'étagère à dossiers,[128] il tira deux couvertures qu'il disposa sur le lit de camp. Puis il s'arrêta, se sentit oisif,[129] s'assit sur son lit. Il n'y avait plus rien à faire ni à préparer. Il fallait regarder cet

122. ce qu'on met sur une table à manger (*assiettes, verres, fourchettes, etc.*)
123. fit la pâte pour (*une galette*)
124. gâteau plat
125. combustible qu'on vend dans des bouteilles métalliques
126. auquel on a ajouté
127. poussé
128. ensembles de papiers ou de documents
129. sans occupation

homme. Il le regardait donc, essayant d'imaginer ce visage emporté de[130] fureur. Il n'y parvenait pas. Il voyait seulement le regard à la fois sombre et brillant, et la bouche animale.

«Pourquoi tu l'as tué?» dit-il d'une voix dont l'hostilité le surprit.

5   L'Arabe détourna son regard.

«Il s'est sauvé. J'ai couru derrière lui.»

Il releva les yeux sur Daru et ils étaient pleins d'une sorte d'interrogation malheureuse.

«Maintenant, qu'est-ce qu'on va me faire?

10   — Tu as peur?»

L'autre se raidit,[131] en détournant les yeux.

«Tu regrettes?»

L'Arabe le regarda, bouche ouverte. Visiblement, il ne comprenait pas. L'irritation gagnait Daru. En même temps, il se sentait

15 gauche et emprunté[132] dans son gros corps, coincé entre les deux lits.

«Couche-toi là, dit-il avec impatience. — C'est ton lit.»

L'Arabe ne bougeait pas. Il appela Daru:

«Dis!»

20 L'instituteur le regarda.

«Le gendarme revient demain?

— Je ne sais pas.

— Tu viens avec nous?

— Je ne sais pas. Pourquoi?»

25 Le prisonnier se leva et s'étendit à même[133] les couvertures, les pieds vers la fenêtre. La lumière de l'ampoule[134] électrique lui tombait droit dans les yeux qu'il ferma aussitôt.

«Pourquoi?» répéta Daru, planté devant le lit.

130. entraîné par la
131. devint tendu
132. embarrassé
133. directement sur
134. partie en verre d'une lampe

L'Arabe ouvrit les yeux sous la lumière aveuglante et le regarda
en s'efforçant[135] de ne pas battre les paupières.

«Viens avec nous», dit-il.

Au milieu de la nuit, Daru ne dormait toujours pas. Il s'était mis
au lit après s'être complètement déshabillé: il couchait nu habi-   5
tuellement. Mais quand il se trouva sans vêtements dans la chambre, il hésita. Il se sentait vulnérable, la tentation lui vint de se
rhabiller. Puis il haussa les épaules; il en avait vu d'autres[136] et, s'il
le fallait, il casserait en deux son adversaire. De son lit, il pouvait
l'observer, étendu sur le dos, toujours immobile et les yeux fermés   10
sous la lumière violente. Quand Daru éteignit, les ténèbres sem-
blèrent se congeler d'un coup. Peu à peu, la nuit redevint vivante
dans la fenêtre où le ciel sans étoiles remuait doucement. L'instituteur distingua bientôt le corps étendu devant lui. L'Arabe ne bougeait toujours pas, mais ses yeux semblaient ouverts. Un léger vent   15
rôdait[137] autour de l'école. Il chasserait peut-être les nuages et le
soleil reviendrait.

Dans la nuit, le vent grandit. Les poules s'agitèrent un peu, puis
se turent. L'Arabe se retourna sur le côté, présentant le dos à Daru
et celui-ci crut l'entendre gémir. Il guetta ensuite sa respiration,   20
devenue plus forte et plus régulière. Il écoutait ce souffle[138] si
proche[139] et rêvait sans pouvoir s'endormir. Dans la chambre où,
depuis un an, il dormait seul, cette présence le gênait. Mais elle le
gênait aussi parce qu'elle lui imposait une sorte de fraternité qu'il
refusait dans les circonstances présentes et qu'il connaissait bien: 25
les hommes, qui partagent les mêmes chambres, soldats ou prison-
niers, contractent un lien étrange comme si, leurs armures[140] quit-
tées[141] avec les vêtements, ils se rejoignaient chaque soir, par-

135. en faisant tous ses efforts
136. il avait été dans des situations plus difficiles
137. allait et venait
138. air qui sort de la bouche
139. qui est près
140. ensemble des armes défensives qui couvrent le corps
141. enlevées

dessus[142] leurs différences, dans la vieille communauté[143] du songe et de la fatigue. Mais Daru se secouait, il n'aimait pas ces bêtises, il fallait dormir.

5 Un peu plus tard pourtant, quand l'Arabe bougea imperceptiblement, l'instituteur ne dormait toujours pas. Au deuxième mouvement du prisonnier, il se raidit, en alerte. L'Arabe se soulevait lentement sur les bras, d'un mouvement presque somnambulique.[144] Assis sur le lit, il attendit, immobile, sans tourner la tête vers Daru, comme s'il écoutait de toute son attention. Daru ne 10 bougea pas: il venait de penser que le revolver était resté dans le tiroir de son bureau. Il valait mieux agir tout de suite. Il continua cependant d'observer le prisonnier qui, du même mouvement huilé,[145] posait ses pieds sur le sol, attendait encore, puis commençait à se dresser lentement. Daru allait l'interpeller[146] quand 15 l'Arabe se mit en marche,[147] d'une allure[148] naturelle cette fois, mais extraordinairement silencieuse. Il allait vers la porte du fond[149] qui donnait sur[150] l'appentis. Il fit jouer[151] le loquet avec précaution et sortit en repoussant la porte derrière lui, sans la refermer. Daru n'avait pas bougé: «Il fuit,[152] pensait-il seulement. 20 Bon débarras!»[153] Il tendit pourtant l'oreille.[154] Les poules ne bougeaient pas: l'autre était donc sur le plateau. Un faible bruit d'eau lui parvint alors dont il ne comprit ce qu'il était qu'au moment où l'Arabe s'encastra[155] de nouveau dans la porte, la referma avec soin,

142. malgré
143. identité d'état; état qu'ils ont en commun
144. ce qui caractérise une personne qui marche et parle pendant le sommeil
145. doux; silencieux
146. lui parler pour demander une explication
147. commença à marcher
148. façon de marcher
149. à l'arrière de la maison
150. ouvrait sur
151. leva
152. se sauve
153. Bonne délivrance!
154. écouta avec attention
155. apparut

et vint se recoucher sans un bruit. Alors Daru lui tourna le dos et s'endormit. Plus tard encore, il lui sembla entendre, du fond de son sommeil, des pas furtifs autour de l'école. «Je rêve, je rêve!» se répétait-il. Et il dormait.

Quand il se réveilla, le ciel était découvert; par la fenêtre mal 5 jointe entrait un air froid et pur. L'Arabe dormait, recroquevillé maintenant sous les couvertures, la bouche ouverte, totalement abandonné. Mais quand Daru le secoua, il eut un sursaut[156] terrible, regardant Daru sans le reconnaître avec des yeux fous et une expression si apeurée que l'instituteur fit un pas en arrière. «N'aie 10 pas peur. C'est moi. Il faut manger.» L'Arabe secoua la tête et dit oui. Le calme était revenu sur son visage, mais son expression restait absente et distraite.[157]

Le café était prêt. Ils le burent, assis tous deux sur le lit de camp, en mordant leurs morceaux de galette. Puis Daru mena l'Arabe 15 sous l'appentis et lui montra le robinet[158] où il faisait sa toilette. Il rentra dans la chambre, plia les couvertures et le lit de camp, fit son propre lit et mit la pièce en ordre. Il sortit alors sur le terre-plein en passant par l'école. Le soleil montait déjà dans le ciel bleu; une lumière tendre et vive inondait le plateau désert. Sur le raidillon, 20 la neige fondait par endroits. Les pierres allaient apparaître de nouveau. Accroupi au bord du plateau, l'instituteur contemplait l'étendue déserte. Il pensait à Balducci. Il lui avait fait de la peine, il l'avait renvoyé, d'une certaine manière, comme s'il ne voulait pas être dans le même sac. Il entendait encore l'adieu du gendarme et, 25 sans savoir pourquoi, il se sentait étrangement vide et vulnérable. A ce moment, de l'autre côté de l'école, le prisonnier toussa. Daru l'écouta, presque malgré lui, puis, furieux, jeta un caillou qui siffla dans l'air avant de s'enfoncer dans la neige. Le crime imbécile de cet homme le révoltait, mais le livrer était contraire à l'honneur: 30 d'y penser seulement le rendait fou d'humiliation. Et il maudissait

156. fit un mouvement brusque
157. peu attentive
158. appareil qui permet de faire couler l'eau quand on veut

à la fois les siens[159] qui lui envoyaient cet Arabe et celui-ci qui avait osé tuer et n'avait pas su s'enfuir. Daru se leva, tourna en rond sur le terre-plein, attendit, immobile, puis entra dans l'école.

L'Arabe, penché sur le sol cimenté de l'appentis, se lavait les
5　dents avec deux doigts. Daru le regarda, puis: «Viens», dit-il. Il rentra dans la chambre, devant le prisonnier. Il enfila[160] une veste de chasse sur son chandail et chaussa[161] des souliers de marche. Il attendit debout que l'Arabe eût remis son chèche et ses sandales. Ils passèrent dans l'école et l'instituteur montra la sortie à son com-
10　pagnon. «Va», dit-il. L'autre ne bougea pas. «Je viens», dit Daru. L'Arabe sortit. Daru rentra dans la chambre et fit un paquet avec des biscottes,[162] des dattes et du sucre. Dans la salle de classe, avant de sortir, il hésita une seconde devant son bureau, puis il franchit[163] le seuil de l'école et boucla[164] la porte. «C'est par là», dit-il. Il prit
15　la direction de l'est, suivi par le prisonnier. Mais, à une faible distance de l'école, il lui sembla entendre un léger bruit derrière lui. Il revint sur ses pas, inspecta les alentours[165] de la maison: il n'y avait personne. L'Arabe le regardait faire, sans paraître comprendre. «Allons», dit Daru.

20　　Ils marchèrent une heure et se reposèrent auprès d'une sorte d'aiguille calcaire.[166] La neige fondait de plus en plus vite, le soleil pompait aussitôt les flaques,[167] nettoyait à toute allure le plateau qui, peu à peu, devenait sec et vibrait comme l'air lui-même. Quand ils reprirent la route, le sol résonnait[168] sous leurs pas. De loin en
25　loin, un oiseau fendait l'espace devant eux avec un cri joyeux. Daru buvait, à profondes aspirations, la lumière fraîche. Une sorte d'exal-

---

159. ses compatriotes
160. mit
161. mit
162. morceaux de pain séché; gâteaux secs
163. traversa
164. ferma
165. environs
166. type de roche
167. petits bassins d'eau stagnante
168. rendit un son intensif

tation naissait en lui devant le grand espace familier, presque
entièrement jaune maintenant, sous sa calotte[169] de ciel bleu. Ils
marchèrent encore une heure, en descendant vers le sud. Ils arrivèrent à une sorte d'éminence aplatie,[170] faite de rochers friables.[171]
A partir de là, le plateau dévalait,[172] à l'est, vers une plaine basse   5
où l'on pouvait distinguer quelques arbres maigres et, au sud, vers
des amas[173] rocheux qui donnaient au paysage un aspect tourmenté.
Daru inspecta les deux directions. Il n'y avait que le ciel à l'horizon, pas un homme ne se montrait. Il se tourna vers l'Arabe, qui le
regardait sans comprendre. Daru lui tendit un paquet: «Prends,   10
dit-il. Ce sont des dattes, du pain, du sucre. Tu peux tenir deux
jours. Voilà mille francs aussi.» L'Arabe prit le paquet et l'argent,
mais il gardait ses mains pleines à hauteur de la poitrine, comme
s'il ne savait que faire de ce qu'on lui donnait. «Regarde maintenant, dit l'instituteur, et lui montrait la direction de l'est, voilà la   15
route de Tinguit. Tu as deux heures de marche. A Tinguit, il y a
l'administration et la police. Ils t'attendent.» L'Arabe regardait
vers l'est, retenant toujours contre lui le paquet et l'argent. Daru
lui prit le bras et lui fit faire, sans douceur, un quart de tour vers
le sud. Au pied de la hauteur où ils se trouvaient, on devinait un   20
chemin à peine dessiné. «Ça, c'est la piste qui traverse le plateau.
A un jour de marche d'ici, tu trouveras les pâturages et les premiers
nomades. Ils t'accueilleront et t'abriteront,[174] selon leur loi.»
L'Arabe s'était retourné maintenant vers Daru et une sorte de pa-
nique se levait sur son visage: «Écoute», dit-il. Daru secoua la tête: 25
«Non, tais-toi. Maintenant, je te laisse.» Il lui tourna le dos, fit deux
grands pas dans la direction de l'école, regarda d'un air indécis
l'Arabe immobile et repartit. Pendant quelques minutes, il n'entendit plus que son propre pas, sonore sur la terre froide, et il ne

169. son bonnet
170. devenue plate
171. faciles à réduire en poudre
172. descendait
173. ensembles de roches qui forment de petites élévations
174. défendront; protégeront

détourna pas la tête. Au bout d'un moment, pourtant, il se retourna. L'Arabe était toujours là, au bord de la colline, les bras pendants maintenant, et il regardait l'instituteur. Daru sentit sa gorge se nouer.[175] Mais il jura[176] d'impatience, fit un grand signe, et re-
5 partit. Il était déjà loin quand il s'arrêta de nouveau et regarda. Il n'y avait plus personne sur la colline.

Daru hésita. Le soleil était maintenant assez haut dans le ciel et commençait de lui dévorer le front. L'instituteur revint sur ses pas, d'abord un peu incertain, puis avec décision. Quand il parvint à la
10 petite colline, il ruisselait de sueur. Il la gravit[177] à toute allure et s'arrêta, essoufflé, sur le sommet. Les champs de roche, au sud, se dessinaient nettement sur le ciel bleu, mais sur la plaine, à l'est, une buée[178] de chaleur montait déjà. Et dans cette brume légère, Daru, le cœur serré, découvrit l'Arabe qui cheminait[179] lentement sur la
15 route de la prison.

Un peu plus tard, planté devant la fenêtre de la salle de classe, l'instituteur regardait sans la voir la jeune lumière bondir des hauteurs du ciel sur toute la surface du plateau. Derrière lui, sur le tableau noir, entre les méandres[180] des fleuves français s'étalait,[181]
20 tracée à la craie par une main malhabile, l'inscription qu'il venait de lire: «Tu as livré notre frère. Tu paieras.» Daru regardait le ciel, le plateau et, au-delà, les terres invisibles qui s'étendaient jusqu'à la mer. Dans ce vaste pays qu'il avait tant aimé, il était seul.

ALBERT CAMUS[182]
(*Albert Camus,*
L'Exil et le Royaume,
© *Éditions Gallimard*)

175. se contracter
176. blasphéma
177. monta avec effort
178. sorte de vague de vapeur
179. marchait
180. détours
181. s'étendait
182. 1913-1960

EXPRESSIONS IDIOMATIQUES

Employez chacune des expressions suivantes dans une phrase qui en fera bien comprendre le sens:

1. à l'abri.   2. à l'aide.   3. à même.   4. à mi-pente.   5. à nouveau.   6. à partir de.   7. à ton aise.   8. à toute allure.   9. donner sur.   10. faire son lit.   11. faire mine de.   12. se mettre au lit.   13. se mettre en marche.   14. mettre en ordre.   15. prendre place.   16. tendre l'oreille.   17. tout d'un coup.

Exercices

1. LE CHAPEAU VENGEUR

I. Donnez le singulier des expressions suivantes:

1. mes vieux amis
2. des rideaux blancs
3. aux théâtres
4. aux marchandes
5. leur maison

6. ces nouvelles comédies
7. de beaux chapeaux
8. ces nouveaux fauteuils
9. leur ami
10. les amis des hommes

II. Mettez les phrases suivantes a) au futur proche (aller + infinitif); *b) au passé récent* (venir de + infinitif):

1. Il fait froid.
2. Je m'installe dans un excellent fauteuil.
3. Le rideau se lève.
4. La pièce commence.
5. Je m'assieds à côté de mon ami.

III. A. Mettez les expressions suivantes au singulier:

1. vous voulez   6. nous jetons
2. vous faites   7. nous envoyons
3. nous appelons   8. nous nous levons
4. nous apercevons   9. nous nous asseyons
5. nous essayons   10. ils s'avancent

   B. Mettez les expressions suivantes au pluriel:

1. il finit   6. tu t'appelles
2. j'aperçois   7. il fait
3. il jette   8. il s'assied
4. je commence   9. tu essaies
5. il envoie   10. tu te lèves

IV. Faites à propos des phrases suivantes les questions ou les réponses nécessaires:

1. Demandez à Charles ce qu'il va faire.
2. Dites-lui d'appeler une voiture.
3. Demandez-moi où les deux hommes sont allés ce soir.
4. Dites-moi ce que le jeune homme a vu devant lui au théâtre.
5. Demandez-moi si j'ai jamais acheté un chapeau de femme.
6. Dites-moi où l'on achète un chapeau de femme.
7. Dites-moi qui a poussé le jeune homme vers le foyer.
8. Demandez-moi où la jeune ouvrière est montée.
9. Dites-moi ce que je porte sur la tête.
10. Demandez-moi ce que le jeune homme vient d'acheter.

V. Répondez par des phrases complètes aux questions suivantes:

1. Où est-ce que le narrateur a rencontré un de ses vieux amis?

2. Quel temps faisait-il?

3. Avant de rencontrer son ami, où avait-il pensé à passer la soirée?

4. Qu'est-ce que l'ami l'a invité à faire?

5. Comment sont-ils allés au théâtre?

6. Où se sont-ils installés?

7. Qui s'est assis juste devant le jeune homme?

8. Qu'est-ce qu'elle portait sur la tête?

9. Pourquoi le jeune homme était-il vexé?

10. Qu'a-t-il fait pour mieux voir la pièce?

2. LA CARAFE D'EAU

I. Mettez les expressions suivantes au pluriel:

A. 1. il va
2. je viens
3. il prend
4. il se lève
5. je lis
6. il dit
7. il veut
8. il peut
9. il sait
10. je vois

B. 1. elle a accepté
2. j'ai fini
3. tu as vendu
4. il a lu
5. il s'est assis
6. j'ai couru
7. il a voulu
8. je suis allé
9. tu as été
10. il a eu

C. 1. elle accepta
2. il finit (*passé simple*)
3. il vendit
4. elle lut
5. il s'assit
6. il courut
7. elle voulut
8. il alla
9. elle fut
10. il eut

II. Donnez le verbe formé de chacun des mots suivants:

    1. le service   6. la réponse
    2. la rencontre   7. l'entrée
    3. la vue   8. l'habitation
    4. le pleur   9. la sortie
    5. l'assassinat   10. la preuve

III. Donnez l'antonyme de chacune des expressions suivantes:

    1. ils s'asseyent   6. le lendemain
    2. après le dîner   7. heureux
    3. le jeune homme   8. bon marché
    4. bonsoir   9. il commença par
    5. coupable   10. le meilleur

IV. Faites à propos des phrases suivantes les questions ou les réponses nécessaires:

    1. Dites-moi ce que mademoiselle Daniel a accepté.
    2. Demandez à Colette si elle a visité le Bois de Boulogne.
    3. Dites-moi ce que faisait le jeune homme.
    4. Demandez à Robert comment s'appelle le Président de la République française.
    5. Dites-moi ce qu'offre le prince Rénine.
    6. Dites-moi que vous ne connaissez pas Jacques Aubrieux.
    7. Demandez à Pierre ce qu'a fait Gaston Dutreuil après son arrivée chez madame Aubrieux.
    8. Dites-moi quels meubles vous avez dans votre chambre.
    9. Demandez à Pierre ce que fait un courtier d'assurances.
   10. Dites-moi comment Jacques devait aller chez son cousin.
   11. Demandez à Robert où sont allées les trois personnes après avoir quitté la maison.
   12. Dites-moi ce que Rénine a dit au secrétaire de M. Dudouis.

13. Demandez à Charles ce que Rénine a dit à l'inspecteur Morisseau.
14. Dites-moi ce que Dutreuil a mis sur le carton à chapeau.
15. Demandez à Laure ce que Gaston a mis sur le bord de la fenêtre.
16. Dites-moi pourquoi, au cinéma, Gaston ne s'est pas installé près des deux dames.
17. Demandez à Robert ce qu'on a trouvé sur la bouteille.
18. Dites-moi ce que Rénine a dit à Dutreuil quand on a annoncé le feu dans l'appartement de celui-ci.
19. Demandez à Pierre ce que Rénine a trouvé dans le carton à chapeau.
20. Dites-moi ce que Rénine a mis dans le carton à chapeau et pourquoi.

V. *Répondez par des phrases complètes aux questions suivantes:*

1. Depuis quand Hortense était-elle à Paris quand elle est allée au Bois?
2. Où a-t-elle dîné avec le prince Rénine?
3. Qui lisait un journal tout près d'eux?
4. Qu'est-ce que le jeune homme a fait au moment où Rénine payait les consommations?
5. Qui était allé voir le Président de la République et pourquoi?
6. Comment s'appelait le jeune homme?
7. Où est-on allé avec le jeune homme?
8. Où demeuraient Mme Aubrieux et sa belle-fille?
9. Où les deux dames étaient-elles allées avec Dutreuil?
10. Qu'est-ce qui a eu lieu à quatre heures?
11. Qu'est-ce que le cousin avait reçu?
12. Pourquoi Jacques Aubrieux était-il resté à la maison?
13. Pourquoi l'a-t-on accusé?

14. Où le prince Rénine et Hortense sont-ils allés avec Dutreuil?
15. Qui est venu aider Rénine?
16. Où se trouvait l'appartement de Gaston?
17. Pourquoi Gaston ne s'était-il pas assis à côté des dames au cinéma?
18. Qu'est-ce que le patron a annoncé à Dutreuil?
19. Qu'est-ce que Rénine a trouvé dans le carton à chapeau?
20. Qu'est-ce qu'il y a mis après?
21. Qu'est-ce qui avait causé le feu?

3. LES PÊCHES

I. *A. Mettez au singulier:*   *B. Mettez au pluriel:*

1. de vieux employés
2. de bonnes choses
3. ses grands yeux bleus
4. de très beaux bals
5. près des tables

1. ce vieil homme
2. une jeune fille
3. à l'employé
4. un orchestre excellent
5. votre chapeau

II. *Mettez les phrases suivantes a) à la forme interrogative (singulier et pluriel); b) à la forme négative (singulier et pluriel):*

1. Il entre dans ce café.
2. Je me suis marié.
3. Son directeur avait de l'argent.
4. Sa femme lui fait des recommandations.
5. J'ouvre la porte de la rue.
6. Elle me rappelle.
7. Il le lui promet.
8. J'y suis entré.
9. Il arrive près de la porte.
10. Il me prend pour travailler avec lui.

III. Dans les phrases suivantes a) remplacez le nom complément par le pronom personnel nécessaire; b) mettez ces nouvelles phrases à l'interrogatif:

1. J'ai rencontré mon ami.
2. Il a quitté les affaires.
3. Je te raconterai mon histoire.
4. Je me suis marié avec cette jeune fille.
5. Ma femme ne pouvait pas m'accompagner au bal.
6. J'ouvre la porte.
7. On servit le souper.
8. Les invités ne passèrent pas dans la salle à manger.
9. La fille de mon directeur se trouvait au centre du cercle.
10. J'ai planté des pêchers.

IV. Faites à propos des phrases suivantes les questions ou les réponses nécessaires:

1. Demandez au narrateur le nom de celui qu'il a rencontré.
2. Dites-moi que vous n'avez pas été au collège avec Herbelot.
3. Dites-moi comment vont les affaires.
4. Demandez à Hélène ce que monsieur Herbelot a quitté.
5. Dites-moi quel âge vous aurez l'année prochaine.
6. Demandez à Charles s'il s'est marié hier.
7. Demandez à Robert ce que le directeur donnait un soir.
8. Dites-moi ce que le narrateur a aperçu au milieu de la table.
9. Demandez à Pierre de quoi on avait besoin pour la danse.
10. Dites-moi ce que les pêches ont fait.

V. Répondez par des phrases complètes aux questions suivantes:

1. Où le narrateur avait-il rencontré Herbelot la première fois?
2. Depuis quand ne l'avait-il pas vu?
3. Qu'est-ce que Herbelot a fait après avoir fini ses études?
4. Que faisait-il quand les deux amis se sont rencontrés?

5. Pourquoi a-t-il quitté les affaires?
6. Qu'est-ce que son directeur donnait souvent?
7. Qu'est-ce que madame Herbelot désirait?
8. Où se trouvaient les fameuses pêches?
9. Où Herbelot a-t-il mis les deux pêches?
10. Pourquoi la fille du directeur a-t-elle demandé à Herbelot de lui donner son chapeau?

4. LE SAPEUR DUMONT

I. Complétez les phrases suivantes:

1. «J'arrivai à l'usine» est le contraire de «————».
2. Une fabrique est une ————.
3. Celui qui est à la tête d'une commune est un ————.
4. Un sous-préfet est à la tête d'un ————.
5. «Parfois» est le synonyme de «————».
6. Un bâtiment est un ————.
7. Celui qui combat les feux est un ————.
8. «De nouveau» est un synonyme de «————».
9. «Il est entré dans» est le contraire de «————».
10. «Je me suis hâté» est un synonyme de «————».

II. Refaites les phrases interrogatives suivantes en supprimant est-ce que:

1. Quand est-ce qu'il arrive à l'usine?
2. Est-ce que le bâtiment brûlait?
3. Est-ce qu'un grand cri s'est élevé?
4. Est-ce que son père se montra à la fenêtre?
5. Est-ce qu'il m'ordonne de descendre?
6. Est-ce qu'il l'a vu?
7. Est-ce que le son de sa voix s'était éteint?

   8. Qu'est-ce qu'il tenait dans ses bras?

   9. Comment est-ce qu'il l'a vu?

  10. Où est-ce que M. Mathey s'est avancé?

III. Répondez d'abord affimativement, puis négativement, aux questions suivantes en employant le nom entre parenthèses et l'article partitif:

   1. Qui voyez-vous? (*les autorités*)

   2. Qu'est-ce que vous apercevez? (*les échelles*)

   3. Qu'est-ce qu'il reçoit sur le corps? (*l'eau*)

   4. Que portait mon père entre les bras? (*les enfants*)

   5. Qu'est-ce qu'il y avait dans les murs? (*les ouvertures*)

IV. Faites à propos des phrases suivantes les questions ou les réponses nécessaires:

   1. Demandez-moi l'heure de mon arrivée à l'usine.

   2. Dites à Pierre qui m'y a accompagné.

   3. Demandez à Robert ce qui se passait ce soir-là.

   4. Dites-moi si vous avez une pompe.

   5. Demandez à Jeanne si elle était dans la foule.

   6. Dites-moi si vous êtes sergent de ville ou gendarme.

   7. Demandez à Pierre s'il va devenir sous-préfet. Pourquoi?

   8. Dites-moi pourquoi un homme portait une forme humaine entre les bras.

   9. Demandez à Robert ce que crient les Français qui applaudissent le Président de la République française.

  10. Dites-moi pourquoi le père n'est pas descendu.

V. Répondez par des phrases complètes aux questions suivantes:

   1. Où est-ce que le narrateur est allé?

   2. De quoi le bâtiment était-il percé?

   3. Combien de personnes se groupaient autour de l'incendie?

4. Qu'est-ce que le narrateur n'avait pas aperçu?
5. Qu'est-ce qu'on a descendu et comment?
6. Que dit le narrateur au sujet de la température?
7. Combien d'enfants le chef de l'atelier avait-il?
8. Qu'est-ce que le capitaine a dit au sapeur Dumont?
9. Pourquoi Dumont a-t-il décidé de rentrer dans la fournaise?
10. Qu'est-ce qui est arrivé à la toiture?

5. LE PETIT PRINCE

I. *Remplacez les tirets par l'article convenable (défini, indéfini, contracté).*

1. Puis il s'épongea —— front avec —— mouchoir à carreaux rouges.
2. J'avais —— reste —— jour pour me reposer.
3. J'allume et j'éteins —— fois par minute.
4. —— jours chez toi durent —— minute.
5. Cet allumeur était tellement fidèle à —— consigne.
6. Il se souvint —— couchers de soleil.
7. Celui-là serait méprisé par tous —— autres, par —— roi, par —— reine, et par —— fils —— couple royal.
8. Il regrettait cette planète à cause —— mille quatre cent quarante couchers de soleil.
9. Il s'occupe —— autres.
10. Il pourrait rester —— soleil.

II. *Répondez aux questions suivantes en vous servant des expressions de quantité entre parenthèses:*

1. Y a-t-il des étoiles? (*beaucoup*)
2. Y avait-il de la place pour loger un réverbère et un allumeur de réverbères? (*assez*)

    3. Savez-vous combien d'étoiles il y a? (*bien*)

    4. Y a-t-il autant de réverbères que d'allumeurs sur la cinquième planète? (*plus*)

    5. Y a-t-il moins de petits princes que d'allumeurs? (*autant*)

III. *Répondez aux questions suivantes en employant la préposition et l'article (où il est nécessaire) qui conviennent à l'expression entre parenthèses:*

    1. Où se trouve le petit prince? (*cinquième planète*)

    2. A qui parle le petit prince? (*allumeur de réverbères*)

    3. Qu'est-ce que l'allumeur vient de faire? (*éteindre le réverbère*)

    4. Comment l'allumeur s'est-il épongé le front? (*mouchoir à carreaux rouges*)

    5. De quoi le petit prince s'est-il souvenu? (*couchers de soleil*)

    6. Comment l'allumeur fait-il le tour de la planète? (*trois enjambées*)

    7. A quoi l'allumeur était-il fidèle? (*consigne*)

    8. De qui l'allumeur serait-il méprisé? (*autres*)

    9. Comment la planète est-elle bénie? (*1440 couchers de soleil*)

    10. De quel endroit le petit prince va-t-il partir? (*cinquième planète*)

IV. *Faites à propos des phrases suivantes les questions ou les réponses nécessaires:*

    1. Demandez à Hélène sur quelle planète elle demeure.

    2. Dites-moi ce que fait l'allumeur.

    3. Demandez à Jean ce que l'allumeur a fait après avoir allumé le réverbère.

    4. Dites-moi si vous avez un mouchoir à carreaux rouges.

    5. Demandez à Pierre ce que l'allumeur aime dans la vie.

6. Dites-moi ce que vous allumez dans votre chambre.

7. Demandez à Robert ce qu'il peut faire pour rester au soleil.

8. Dites-moi de quoi l'allumeur ne s'occupe pas.

9. Demandez à Jean pourquoi il ne quitte pas sa planète.

10. Dites-moi ce que regrette le petit prince.

V. Répondez par des phrases complètes aux questions suivantes:

1. Quelle planète le petit prince visite-t-il?

2. Qu'est-ce que la consigne?

3. Comment le petit prince a-t-il salué l'allumeur?

4. Qu'est-ce que l'allumeur a fait avec son mouchoir?

5. Comment est-ce que la planète tourne?

6. Pourquoi l'allumeur doit-il allumer et éteindre si souvent?

7. Quelle était l'attitude du petit prince envers l'allumeur?

8. Combien de temps durent les jours sur la cinquième planète?

9. Quelle est la seule personne qui ne paraisse pas ridicule au petit prince?

10. Pourquoi le petit prince a-t-il quitté la cinquième planète?

6. DEUX MÉTHODES

I. Complétez chacune des phrases suivantes en choisissant le mot exact dans la colonne de droite:

1. On voit des universités ———— aux États-Unis.

    a. meilleurs

    b. heure

2. Beaucoup de ces établissements américains sont des institutions ————.

    c. unité

    d. menu

3. L'étudiant fait son ———— dans une cafétéria.

    e. fissent

    f. cours

4. Le Ministère de l'Éducation à Washington ne fixe pas les programmes des ——— et des examens.

5. L'idéal de ——— aurait été que tous les jeunes Français ———, à la même ———, la même version latine et le même problème de géométrie.

6. L'——— française vaut-elle mieux que la ——— américaine?

7. L'enseignement secondaire se trouve ainsi, en France, réservé aux ——— élèves.

g. Napoléon
h. innombrables
i. privées
j. variété

II. *Mettez chaque phrase au négatif en employant tour à tour* ne ... pas, ne ... plus, ne ... guère, ne ... jamais.

1. Il fixe des programmes.
2. On voit des universités innombrables.
3. Cet établissement confère un diplôme.
4. L'enseignement supérieur est suivi par une petite élite intellectuelle.
5. Il faut se garder de favoriser les esprits les plus rapides.
6. Les années de lycée sont une constante épreuve de force.
7. Le baccalauréat est un examen difficile.
8. Ils veulent continuer leurs études.
9. Un examen de passage arrête les élèves insuffisants.
10. Les concours successifs sont des barrières.

III. *Changez les phrases suivantes en y introduisant la simple inversion (1-6) et l'inversion complexe (7-10):*

1. Il constate que 30 pour-cent de la population reçoit une éducation supérieure?
2. Il a découvert cela?

3. Il apprend que les programmes varient?
4. Il ne fixe pas les programmes?
5. Il a lieu tous les ans?
6. Il a entendu dire cela?
7. L'enseignement secondaire se trouve réservé?
8. L'unité française vaut mieux que la variété américaine?
9. Un examen de passage arrête les élèves?
10. M. Maurois était professeur à Princeton?

IV. *Faites à propos des phrases suivantes les questions ou les réponses nécessaires:*

1. Dites-moi à quelle école ou à quelle université vous étudiez.
2. Demandez à un camarade s'il a un ami qui a étudié en France.
3. Dites-moi pourquoi vous avez choisi l'école où vous êtes maintenant.
4. Demandez-moi où se trouvent quelques universités françaises.
5. Dites-moi ce que vous allez étudier l'année prochaine.
6. Demandez à Jacques quels cours il suit à présent.
7. Dites-moi quel cours vous préférez.
8. Demandez à Robert quel grand institut technique se trouve dans le Massachusetts, en Californie, et à Paris.
9. Dites-moi qui on forme à l'École Normale Supérieure et à l'École Centrale.
10. Demandez à Laure qui est préparé à l'École d'Administration.

V. *Répondez par des phrases complètes aux questions suivantes:*

1. D'après Maurois, quelle est la première réaction du Français qui étudie la structure de l'enseignement aux États-Unis?

2. Quel est le pourcentage des jeunes Américains qui reçoivent une éducation supérieure?

3. Quel substantif caractérise l'enseignement américain? L'enseignement français?

4. Quel Français a exercé une grande influence sur les programmes de l'enseignement en France au commencement du XIXe siècle?

5. Quel est l'avantage de la méthode française?

6. Quelle clef ouvre la porte de l'enseignement en France?

7. Qui suit l'enseignement supérieur en France?

8. Comment est-ce qu'on traite tous les élèves en Amérique quelles que soient leurs intelligences?

9. Comment facilite-t-on la vie scolaire de l'élève peu doué?

10. Qu'est-ce qu'on appelle les grands instituts techniques en France?

7. LE CORBEAU ET LE RENARD

8. LA CIGALE ET LA FOURMI

I. Pour chacune des phrases suivantes, posez la question dont les mots en italique forment la réponse:

1. Maître corbeau tenait en son bec *un fromage.*

2. Il ouvre *un large bec.*

3. *Il* laisse tomber sa proie.

4. La cigale *a chanté* tout l'été.

5. *La bise* est venue.

6. Elle est allée crier famine chez *la fourmi sa voisine.*

7. Elle a prié *sa voisin*e de lui prêter quelque grain pour subsister.

8. C'est là *son moindre défaut.*

9. Je vous paierai *avant l'août.*

10. Nuit et jour, à tout venant *je chantais.*

II. Mettez à l'interrogatif chacune des phrases suivantes en vous servant du mot entre parenthèses:

1. Le corbeau était perché. (*Où*)
2. Il tenait un fromage. (*Comment*)
3. Il paie sa leçon. (*Combien*)
4. Il montre sa belle voix. (*Comment*)
5. Il a juré qu'on ne l'y prendrait plus. (*Quand*)
6. La cigale chante. (*Depuis*)
7. Elle est allée crier famine chez la fourmi sa voisine. (*Pourquoi*)
8. Elle est allée crier famine. (*Où*)
9. Elle chantait. (*Quand*)
10. Elle paiera. (*Quand*)

III. Mettez les phrases suivantes au pluriel:

1. Il tient un fromage en son bec.
2. Le corbeau est perché sur un arbre.
3. Je suis un hôte de ce bois.
4. Il montre sa belle voix.
5. Il ouvre un large bec.
6. La bise est venue.
7. Elle va crier famine.
8. C'est son moindre défaut.
9. Que fait-il au temps chaud?
10. J'en suis fort aise.

IV. Faites à propos des phrases suivantes les questions ou les réponses nécessaires:

1. Demandez à Pierre qui était perché sur un arbre.
2. Dites-moi ce que le corbeau tenait et où.
3. Demandez à Robert ce qui a attiré le renard.
4. Dites-moi si vous voulez montrer votre belle voix.

    5. Demandez-moi le nom littéraire du siècle de La Fontaine.

    6. Dites-moi si vous chantez tout l'été.

    7. Demandez à Henriette quand la bise arrive.

    8. Dites-moi ce que vous faites quand vous avez faim.

    9. Demandez à Pierre ce qu'un banquier fait pour un bon client qui a besoin d'argent.

  10. Dites-moi si vous dansez après avoir chanté.

V. Répondez par des phrases complètes aux questions suivantes:

    1. Dans quel siècle La Fontaine vivait-il?

    2. Qu'est-ce qu'un renard aime à manger?

    3. Où se trouvait le corbeau?

    4. Pourquoi le renard n'était-il pas à côté du corbeau?

    5. Qu'est-ce qui a attiré le renard?

    6. Pourquoi le corbeau a-t-il ouvert son large bec?

    7. Où demeure la cigale?

    8. Où la fourmi fait-elle sa résidence?

    9. Qu'est-ce que la cigale a fait tout l'été?

  10. Qu'est-ce que la fourmi refuse de faire et pourquoi?

9. LA FONTAINE CHEZ LES VOLEURS

I. Mettez les phrases suivantes au négatif:

    1. Cette ville a des réverbères.

    2. Il portait une lanterne.

    3. J'avais oublié la clef.

    4. Je vois des étoiles.

    5. Il avait une chandelle.

    6. Le poète avait des amis.

    7. Il a des chausses.

8. Il y a des voleurs dans notre ville.
9. Il avait pris de la peine.
10. Ce quai a un tournant.

II. *Refaites les phrases suivantes en laissant tomber* alors *et en remplaçant la première phrase par une proposition subordonnée introduite par* si. *Dans certains cas il sera nécessaire de changer le temps du verbe.*

1. La nuit était sombre. Alors il portait une lanterne.
2. Il avait oublié son briquet. Alors il n'a pas pu rallumer son lumignon.
3. Cet homme est poète. Alors il ne pourra rien offrir au voleur.
4. J'ai oublié la clef de mon logis. Alors je serai obligé de passer la nuit à la belle étoile.
5. Vous n'avez rien. Alors je vous offrirai l'hospitalité de ma maison.

III. *Faites raconter l'histoire par un groupe d'élèves; chacun composera une phrase.*

IV. *Faites à propos des phrases suivantes les questions ou les réponses nécessaires:*

1. Dites à Jeanne vers quelle heure La Fontaine est sorti d'une maison.
2. Demandez-moi où se trouve la rue Saint-Jacques.
3. Dites à Robert avec qui l'écrivain avait soupé.
4. Demandez à Jean pourquoi il ne porte pas de lanterne dans la rue la nuit.
5. Dites-moi ce que Paris n'avait pas à cette époque-là.
6. Demandez-moi où se trouve le pont Notre-Dame.

7. Dites-moi pourquoi le poète a suivi l'homme qui marchait dans la rue.
8. Dites à Pierre ce que l'autre homme a demandé à La Fontaine.
9. Demandez à Robert s'il a oublié quelque chose ce matin.
10. Dites-moi ce que le poète a accepté.

V. Répondez par des phrases complètes aux questions suivantes:

1. D'où La Fontaine est-il sorti?
2. Où se trouvait cette maison?
3. Qu'est-ce que l'écrivain portait et pourquoi?
4. Qu'est-ce qu'il voulait regagner?
5. Qu'est-ce qui a soufflé le lumignon?
6. Qu'est-ce que vous avez oublié ce matin?
7. Comment le voleur a-t-il éteint sa chandelle?
8. Comment savez-vous que l'autre homme était un voleur?
9. Qu'est-ce que le voleur a offert au poète?
10. La Fontaine a-t-il décidé de passer la nuit chez le voleur? Pourquoi?

10. UN TERRIBLE VISITEUR

I. Refaites les phrases suivantes en remplaçant les substantifs par des pronoms personnels:

1. Il se nourrit de petits animaux.
2. L'Anglais séjournait aux Indes.
3. Les camarades jouaient au whist.
4. Churchill dit à Maxey de jouer au whist.
5. Il pense au serpent.
6. Les camarades regardent Maxey quand il leur dit de ne pas faire le moindre mouvement.

7. Il portait des bas de soie.

8. Le cobra se collait à sa peau.

9. Il demande qu'on apporte du lait.

10. Il demande qu'on verse le lait sur le plancher.

II. *Mettez les phrases suivantes a) à l'imparfait; b) au plus-que-parfait:*

1. Il se nourrit de petits animaux.

2. Un terrible péril nous menace.

3. Il sent le contact du serpent.

4. L'Anglais ne bouge pas.

5. Il sait que la morsure du cobra est sans remède.

III. *Répondez aux questions suivantes en employant des pronoms personnels pour remplacer les substantifs:*

1. Est-ce que le cobra se nourrit de petits animaux?

2. Aime-t-il à loger sous le toit?

3. L'Anglais séjournait-il aux Indes?

4. Jouez-vous au whist?

5. Churchill dit-il à Maxey de jouer au whist?

6. Est-ce que Maxey tient à sa vie?

7. A-t-il perdu la raison?

8. Maxey portait-il des bas de soie?

9. Le domestique a-t-il apporté du café?

10. Le cobra lève-t-il la tête?

IV. *Faites à propos des phrases suivantes les questions ou les réponses nécessaires:*

1. Dites-moi où se trouve l'Inde.

2. Demandez à Pierre de quoi l'Inde est le pays par excellence.

   3. Dites à Henri ce qui caractérise le cobra.

   4. Demandez à Hélène de quoi se nourrit le cobra.

   5. Dites-moi ce que faisaient l'Anglais et ses camarades.

   6. Demandez à Pierre ce que Maxey a dit à ses camarades.

   7. Dites-moi où se trouvait le cobra.

   8. Demandez à Henri ce que portait Maxey.

   9. Dites-moi pourquoi Maxey craignait tellement le cobra.

10. Demandez à Robert ce que le domestique a fait.

V. Répondez par des phrases complètes aux questions suivantes:

   1. Qu'est-ce que l'Inde est par excellence?

   2. Où le cobra aime-t-il à loger?

   3. Qui a raconté l'histoire?

   4. Quel homme d'État anglais du XXe siècle a passé quelques années comme officier militaire aux Indes?

   5. Qu'est-ce que Maxey a dit à ses camarades de ne pas faire?

   6. Que voulait-il qu'on apporte?

   7. Où le domestique a-t-il versé le lait?

   8. Pourquoi Maxey a-t-il dit «merci»?

   9. Qu'est-ce qui a attiré le serpent?

10. Qu'est-ce qu'on a fait au serpent?

11. LE DÉJEUNER DE NAPOLÉON

I. Faites deux questions de chacune des phrases suivantes en vous servant a) de l'adjectif quel, *etc. et b) du pronom* lequel, *etc. pour qualifier ou pour remplacer le complément du verbe.*

   1. Napoléon appelle un maréchal.

   2. L'empereur veut aller voir la colonne.

   3. Napoléon et le maréchal traversent le jardin des Tuileries.

   4. Ils suivent un boulevard.

    5. L'empereur a appelé un garçon.

    6. Le maréchal cherche le porte-monnaie.

    7. Duroc raconte l'histoire.

    8. L'officier lui donne une somme d'argent.

    9. Napoléon signe une lettre.

   10. Claretie a écrit le conte.

II. *A. En vous servant du pronom interrogatif* que, *formez les questions qui demandent les réponses données ci-dessous:*

    1. Napoléon portait un grand chapeau.

    2. L'empereur veut voir la colonne.

    3. Les deux hommes traversent le jardin des Tuileries.

    4. Il commande une omelette.

    5. Il préfère le café du restaurant.

B. Refaites cet exercice en vous servant de l'expression interrogative qu'est-ce que *au lieu de* que.

III. *En vous servant des mots* combien, comment, où, pourquoi, *ou* quand, *formez les questions qui demandent les réponses suivantes:*

    1. Napoléon aimait se promener de bonne heure.

    2. Il pouvait marcher sans être reconnu.

    3. Il faisait bâtir une colonne pour célébrer les victoires de ses armées.

    4. Il est arrivé à la place Vendôme.

    5. Ils ont examiné le monument dans tous ses détails.

    6. Les Parisiens dans ce quartier sont paresseux.

    7. Il est entré dans un café.

    8. Le maréchal est allé au comptoir.

    9. Il lui donne cinq cents francs.

10. Napoléon a signé une lettre pour exprimer ses remerciements.

IV. *Faites à propos des phrases suivantes les questions ou les réponses nécessaires:*

1. Dites-moi qui était Napoléon.
2. Demandez à Laure ce que Napoléon aimait faire.
3. Dites-moi si vous vous levez de bonne heure.
4. Demandez à Henri s'il porte un chapeau.
5. Dites à Robert de ne pas se lever.
6. Demandez à Pierre s'il fait bâtir un monument pour célébrer ses victoires.
7. Dites-moi ce que vous prenez pour le petit déjeuner chez vous.
8. Demandez à Pierre qui paye l'addition quand il dîne au restaurant avec son père.
9. Dites-moi pourquoi le maréchal était embarrassé.
10. Demandez à Robert ce que Napoléon a fait pour le garçon.

V. *Répondez par des phrases complètes aux questions suivantes:*

1. Où se promenait Napoléon?
2. A quelle heure vous êtes-vous levé ce matin?
3. Dans quel état était la colonne?
4. Quand sont-ils arrivés à la place Vendôme?
5. Que faisait son propriétaire quand ils sont arrivés au restaurant?
6. Qu'est-ce que Napoléon et Duroc ont commandé pour le petit déjeuner?
7. Qu'est-ce que Napoléon a trouvé meilleur?
8. Qu'est-ce que le maréchal a cherché et pourquoi?
9. Avez-vous oublié de prendre votre porte-monnaie ce matin?
10. Qu'est-ce que Duroc a raconté à Napoléon?

12. LES LENTILLES UNIVERSITAIRES

I. Mettez les phrases suivantes à l'interrogatif en remplaçant le sujet par le pronom entre parenthèses:

1. On nous étouffe sous les lentilles. (*il*)
2. Ils font un serment. (*je*)
3. Nous allons au réfectoire. (*elle*)
4. Elles sont arrivées. (*vous*)
5. On nous sert. (*ils*)
6. Le proviseur a accouru. (*il*)
7. Je me le rappelle. (*il*)
8. Je me mis à table. (*elles*)
9. On s'en sert. (*nous*)
10. On les a renvoyés. (*il*)

II. Mettez ces phrases à l'impératif en vous servant de chacune des trois formes et en remplaçant les substantifs par les pronoms personnels nécessaires:

1. Il ne mange pas de lentilles.
2. Il ne jette pas les lentilles.
3. Nous allons au réfectoire.
4. On se sert des lentilles.
5. Ils rentrent chez leurs parents.
6. Il se souvient de cette expérience.
7. Il se met à table.
8. Il ne fait pas son paquet.
9. Ils se rappelleront ce jour.
10. Ils dînent chez eux.

III. Refaites les phrases suivantes en remplaçant les substantifs par les pronoms personnels nécessaires:

1. Nous avions résolu de ne plus manger de lentilles.

2. Nous demandons au garçon s'il y avait des lentilles.
3. Nous sortons du réfectoire.
4. Le proviseur a voulu faire un exemple.
5. Je me rappelle encore cette scène.
6. J'ai plié ma tunique pour la mettre dans un paquet.
7. Je n'avais point mangé de lentilles.
8. On a renvoyé ces étudiants.
9. Je me mis à table à côté de mon père.
10. Je retrouvais les lentilles chez mes parents.

IV. Faites à propos des phrases suivantes les questions ou les réponses nécessaires:

1. Demandez à Pierre s'il aime les lentilles.
2. Dites-moi où vous prenez vos repas.
3. Demandez à Henriette qui lui sert ses repas.
4. Dites-moi qui prépare les repas chez vous.
5. Demandez à Robert sur quoi on apportait les lentilles.
6. Dites-moi dans quoi on servait les lentilles.
7. Demandez à Pierre s'il sait qui a écrit *La Marseillaise.*
8. Dites-moi comment s'appelle votre proviseur.
9. Demandez à Henri ce qu'on dirait si on approuvait les lentilles.
10. Dites-moi quel plat vous préférez.

V. Répondez par des phrases complètes aux questions suivantes:

1. Combien de garçons y avait-il qui avaient décidé de ne plus manger de lentilles?
2. Qu'est-ce qu'ils avaient fait ensemble?
3. Quel était leur cri de ralliement?
4. Comment les lentilles sont-elles arrivées?
5. D'où les garçons sont-ils sortis?
6. Qui a accouru?

7. Qu'est-ce que le proviseur n'aimait pas?
8. Qu'est-ce qu'il a fait à certains garçons?
9. Que faisaient ses parents quand le narrateur est arrivé chez lui?
10. Pourquoi le jeune homme s'est-il mis à table en toute hâte?

13. L'ESPRIT DÉMÉNAGEUR

I. Formez la question dont la réponse est indiquée en italique.

1. Nous étions arrivés *la veille.*
2. Il nous attendait *sur le perron de sa maison.*
3. *Des paysans* étaient groupés sur la route.
4. L'esprit faisait le fond de toutes les conversations *depuis un an.*
5. Mme Dupuis-Morel avait poussé *de hauts cris.*
6. Cette dame employait un jardinier *de soixante-douze ans.*
7. Nous passions la nuit *dans des fauteuils.*
8. J'ai ouvert *les yeux.*
9. J'ai accepté *avec empressement* de le suivre.
10. Je suis allé vers *la fenêtre.*

II. A. Mettez les phrases suivantes au négatif:

1. Je crois que G. 7 arrivera.
2. Il doute qu'il y ait un bahut capable de se déplacer.
3. J'espère que le bahut changera de place.
4. Il est certain que le détective fera de son mieux pour trouver la cause de ce mystère.
5. Il a peur que l'on ne veuille examiner ses mains.

B. Mettez les phrases suivantes à l'affirmatif:

1. Je ne pense pas que l'esprit déménageur vienne demain soir.

2. Je ne crois pas que l'esprit se fasse voir bientôt.

3. Il n'est pas content que le bahut ait changé de place.

4. Il n'est pas sûr que son associé puisse résoudre l'énigme.

5. Il ne craint pas que l'on voie la cire sur les meubles.

III. Composez une phrase complète avec les mots suivants:

1. kilomètres / esprit / déménageur / parcourir / attendre
2. veille / arriver / Nivernais / village
3. gare / chercher / faire / voiture
4. perron / propriétaire / attendre / visiteurs
5. rentière / veuve / être / officier
6. immense / bahut / bouquins / contenir / être
7. dire / hanter / château / être
8. souvent / changer / bahut / place
9. cuisinière / ans / quarante / avoir
10. renifler / se mettre / doigts / propriétaire / G. 7

IV. Faites à propos des phrases suivantes les questions ou les réponses nécessaires:

1. Demandez à Pierre qui a écrit *L'Esprit Déménageur*.
2. Dites-moi à qui le narrateur en voulait.
3. Demandez à Henri quel roi régnait en France à la fin du XVIIe siècle.
4. Dites-moi qui était Mme Dupuis-Morel.
5. Demandez à Hélène si elle a un bahut dans sa chambre.
6. Dites-moi dans quelle pièce se trouvait le bahut.
7. Demandez à Pierre si son père est détective.
8. Dites-moi si vous jouez aux échecs.
9. Demandez à Robert ce qui se trouvait dans le bahut.
10. Dites-moi ce que G. 7 a trouvé sur les mains de Martineau.

V. Répondez par des phrases complètes aux questions suivantes:

1. Combien de kilomètres le narrateur avait-il parcourus pour attendre l'esprit déménageur?
2. Quand est-ce qu'il était venu avec G. 7?
3. Où se trouvait le petit village?
4. Qui les avait fait chercher à la gare?
5. Comment s'appelait le maître de maison et où les attendait-il?
6. Qui possédait la propriété quand l'esprit déménageur s'est montré pour la première fois?
7. Qu'est-ce que cette dame a trouvé un matin?
8. Qu'est-ce qui se trouvait dans le bahut?
9. Quelle était la condition du plancher?
10. Pourquoi G. 7 a-t-il attiré Martineau vers la fenêtre?

14. LA PARURE

I. Refaites les questions suivantes en employant les deux formes alternatives de l'interrogation:

1. Comment souffre Mme Loisel?
2. A quoi songe Mathilde?
3. Comment rentre son mari?
4. Où allait M. Loisel le dimanche?
5. Vers quoi est allée Mme Forestier?
6. Depuis quand dormait M. Loisel?
7. Vers quoi descendaient les Loisel?
8. Où s'est rendu M. Loisel?
9. Chez qui sont allés les Loisel pour trouver un chapelet de diamants?
10. Comment travaillait M. Loisel pour obtenir de l'argent supplémentaire?

II. *Refaites les phrases suivantes en employant le verbe* être *et la préposition* à:

1. Cette dot n'appartient pas à Mathilde.
2. Ces toilettes n'appartiennent pas à Mme Loisel.
3. Cet hôtel n'appartient pas au ministre.
4. Ce fusil n'appartient pas au chasseur.
5. Cette robe n'appartient pas à l'héroïne.
6. Ces bijoux n'appartiennent pas à l'amie.
7. Ce fiacre n'appartient pas au héros.
8. Ces parures n'appartiennent pas aux bijoutiers.
9. Ces torchons appartenaient aux bonnes.
10. Cette parure fausse appartenait à Mme Forestier.

III. *Transformez les phrases suivantes en y mettant une proposition subordonnée introduite par* que:

1. Elle ira chez son amie. Il le veut.
2. Elle n'est pas heureuse. Son mari le regrette.
3. Elle met cette robe. Son mari le désire.
4. Elle a une belle robe. Le croit-il?
5. Elle se rend chez Mme Forestier. L'espère-t-il?
6. Ils partent de l'hôtel. Le faut-il?
7. Elle s'enrhumera. Il le craint.
8. Elle a perdu la parure. Il n'en est pas sûr.
9. Ils sont obligés de remplacer le bijou. Il le regrette.
10. On renvoie la bonne. Il le faut.

IV. *Faites à propos des phrases suivantes les questions ou les réponses nécessaires:*

1. Dites-moi qui a écrit *La Parure*.
2. Demandez à Pierre quel était le métier du père de Mathilde.
3. Dites à Jean de quoi souffrait Mme Loisel.

4. Demandez à Robert ce que Mathilde Loisel n'avait pas.

5. Dites-moi où elle avait fait la connaissance de Mme Forestier.

6. Demandez à Pierre qui avait envoyé l'invitation reçue par les Loisel.

7. Dites-moi ce qu'aimait faire M. Loisel le dimanche.

8. Demandez à Pierre pourquoi Mme Loisel a quitté l'hôtel du ministère si rapidement.

9. Dites-moi pourquoi Mme Loisel a poussé un cri après son retour chez elle.

10. Demandez à Jeanne ce qu'a coûté le chapelet de diamants acheté près du Palais-Royal.

V. *Répondez par des phrases complètes aux questions suivantes:*

1. Avec qui Mathilde s'était-elle mariée?

2. Que faisait son mari?

3. A quoi songeait-elle?

4. Qu'est-ce que son mari a rapporté du bureau un jour?

5. Quelle était la réaction à cette invitation?

6. Qu'est-ce que son mari a promis de faire?

7. Pourquoi Mathilde est-elle allée chez Mme Forestier?

8. Qu'est-ce qu'elle a choisi comme parure?

9. Comment les Loisel ont-ils pu remplacer la parure disparue?

10. Qu'est-ce que Mme Forestier a dit au sujet de la rivière perdue?

15. HISTOIRE DE L'OURSE MÂCHA ET DE LA VIEILLE DAME POLONAISE

I. *Faites un résumé de l'histoire en employant le passé composé, l'imparfait, le plus-que-parfait et le passé surcomposé.*

II. *Joignez les phrases suivantes en employant le pronom relatif* que:

    1. Lisez-vous l'histoire? Colette l'a écrite.
    2. Avez-vous visité le pays? La vieille dame l'a habité.
    3. A-t-elle vu l'ourse? Les gardes forestiers l'ont capturée.
    4. Connaissez-vous la métairie? La vieille Polonaise l'a achetée.
    5. Auriez-vous peur des deux coups d'ombrelle? L'ourse les a reçus.

III. *Mettez les phrases suivantes au passé composé et ensuite au futur:*

    1. Elle fit soigner l'ourse.
    2. Elle se rendait à une métairie.
    3. Elle s'aperçoit de sa présence.
    4. La vieille dame voit accourir Mâcha.
    5. L'ourse disparaît dans la forêt.
    6. Elle ouvre la porte du salon.
    7. Elle s'était dit: «Fuyons!»
    8. L'ourse sauvage n'avait rien vu.
    9. Elle fuit.
   10. Elle ne va pas à la métairie.

IV. *Faites à propos des phrases suivantes les questions ou les réponses nécessaires:*

    1. Dites-moi si vous avez visité la Pologne ou l'Autriche.
    2. Demandez à Pierre s'il habite un domaine forestier.
    3. Dites à Robert que vous avez vu un ours.
    4. Demandez à Henri s'il a un chien.
    5. Dites-moi ce que la vieille dame a vu dans la forêt.
    6. Demandez à Laure où Mâcha a été enfermée.
    7. Dites à Henri ce que la vieille dame portait à la main.

8. Dites-moi ce que faisait Mâcha quand la vieille dame est rentrée à la maison.
9. Demandez à Robert ce qu'il ferait s'il rencontrait un ours dans la forêt.
10. Dites-moi qui était Colette.

V. *Répondez par des phrases complètes aux questions suivantes:*

1. Où est née la vieille dame?
2. Où habitait-elle?
3. Qu'est-ce que la vieille dame habitait?
4. Qui demeurait dans les futaies?
5. Qu'est-ce qu'on a capturé?
6. Où allait la vieille dame un jour?
7. Qu'est-ce qu'elle a fait pour empêcher Mâcha de la suivre une seconde fois?
8. Qu'est-ce qu'elle a entendu de nouveau derrière elle?
9. Comment a-t-elle fait disparaître l'ours?
10. Comment savait-elle que c'était un autre ours?

16. LA FICELLE

I. *Joignez les phrases suivantes en mettant le verbe de la seconde phrase dans une proposition principale et le verbe de la première phrase dans une proposition subordonnée introduite par* que:

1. Les femmes vont à la ville. Leurs maris le désirent.
2. Il est difficile de tirer un veau. Je le crois.
3. Maître Hauchecorne a aperçu un petit bout de ficelle. Il est certain.
4. Le paysan a été observé par son ennemi. On le regrette.
5. On peut manger chez Jourdain. Tout le monde en est content.

6. Le crieur public a parlé distinctement. Je l'espère.
7. Maître Hauchecorne a perdu un portefeuille. C'est regrettable.
8. Le paysan fera des explications au maire. Le brigadier le désire.
9. Le maire ne croit pas le paysan. Je le crains.
10. Maître Hauchecorne a volé la ficelle. Le croyez-vous?

II. Refaites chacune des phrases suivantes en employant le contraire du verbe donné et en faisant les autres changements nécessaires:

1. Les paysans entraient dans la ville.
2. Maître Hauchecorne vient d'arriver à Goderville.
3. Un valet de ferme a trouvé le portefeuille.
4. On allumait les lampes.
5. Il terminait son repas.
6. Les paysans partaient de la ville.
7. Le paysan se leva.
8. Il naquit en janvier.
9. Il venait de se baisser.
10. Il avait oublié son ennemi.

III. Joignez les phrases suivantes en utilisant pour, afin de, de peur de, de crainte de, pour que, afin que, de peur que, de crainte que:

1. Les paysans vont à la ville. Ils vendront des vaches.
2. Il se baisse. Il ramasse le morceau de corde.
3. Maître Hauchecorne cache sa trouvaille. Son ennemi la voit.
4. Les dîneurs sont attablés. Ils mangent de la viande rôtie.
5. On va à la porte et aux fenêtres. On écoute le crieur.
6. On cherche maître Hauchecorne. Il va à la mairie.

7. Le paysan lève la main et crache de côté. Il atteste son innocence.

8. Il fait une tournée dans le village. Tout le monde peut entendre ses explications.

9. Le paysan raconte son histoire. On le croit coupable.

10. Le paysan répète son histoire jusqu'à sa mort. Son innocence n'est pas acceptée.

IV. Faites à propos des phrases suivantes les questions ou les réponses nécessaires:

1. Dites-moi si vous connaissez la vie de campagne.

2. Demandez à Pierre s'il a jamais passé un été dans une ferme.

3. Dites à Robert ce qu'on peut trouver dans une ferme.

4. Dites-moi où maître Hauchecorne a mis la ficelle.

5. Demandez à Henriette ce qui chauffait la grande salle à l'auberge.

6. Dites à Pierre ce que portait le crieur public.

7. Dites-moi ce qu'il a annoncé.

8. Demandez à Henri qui est venu chercher maître Hauchecorne.

9. Dites à Robert ce que Marius Paumelle a fait.

10. Dites-moi ce qu'a fait maître Hauchecorne en rencontrant d'autres personnes.

V. Répondez par des phrases complètes aux questions suivantes:

1. Qui a écrit *La Ficelle?*

2. De quelle province était-il originaire?

3. Où allaient les paysans et pourquoi?

4. Qu'est-ce que certains hommes tiraient?

5. Qu'est-ce que certaines femmes portaient au bras et pourquoi?

6. Qui a vu quelque chose par terre?
7. Qui était sur le seuil de sa porte et que faisait-il?
8. Pourquoi était-on chez Jourdain?
9. Pourquoi maître Hauchecorne est-il allé à la mairie?
10. Qu'est-ce qu'il a essayé de prouver pour le reste de sa vie?

17. LE BILLET DE TROISIÈME

I. Mettez les phrases suivantes au passif:

1. Son incapacité et son absence de titres ne le gênaient pas beaucoup.
2. Son cousin l'avait chargé de vendre des chandeliers.
3. Il ne m'avait pas oublié.
4. J'ai gardé le taxi.
5. Le client a emprunté dix-huit cents francs.
6. Il a construit des studios à Grenoble.
7. Je lui ai posé des questions.
8. Je n'ai pas conduit le taxi.
9. Fechsen avait installé sa troupe à Grenoble.
10. Des incidents avaient marqué son arrivée à cette ville.

II. Mettez les phrases suivantes au passé composé:

1. La Providence se manifesta.
2. Je me décidai pour une résolution extrême.
3. Je me promènerai dans les studios.
4. Il se mit en chasse.
5. Fechsen s'installa à Grenoble.
6. Il s'aperçut que la neige artificielle était excellente.
7. Se penchait-il à la fenêtre?
8. Je me rendormis dans le compartiment.
9. Il se pencha vers le corps.
10. L'abîme s'ouvrait sous mes pieds.

*III. Transformez les phrases suivantes en remplaçant les expres-
sions en italique par des synonymes:*

1. Il *fallut songer* aux résolutions extrêmes.
2. Son télégramme m'*a fait plaisir.*
3. Il *était habillé d'un costume* très chic.
4. J'étais *en tenue de* cinéma.
5. Je *m'en suis aperçu* en arrivant au guichet.
6. J'*essayai* de lui *poser* des questions.
7. J'ai toujours *eu bon sommeil.*
8. J'*avais bien besoin de* gagner ma vie.
9. J'*ai failli* me rompre le cou.
10. La police *s'était mise en* chasse tout de suite.

*IV. Faites à propos des phrases suivantes les questions ou les
réponses nécessaires:*

1. Dites-moi ce que le héros n'avait pas.
2. Demandez à Pierre ce que le vieux cousin possédait.
3. Dites à Hélène où se trouvaient les antiquaires.
4. Dites-moi comment la Providence est intervenue.
5. Demandez à Henri qui a apporté le télégramme.
6. Dites-moi quelle somme le jeune homme a obtenue et
   comment.
7. Demandez à Pierre ce qu'a coûté le billet de troisième.
8. Dites-moi comment s'appelait le film de Fechsen.
9. Dites-moi comment on appelle l'employé qui vérifie les
   billets dans un train.
10. Demandez à Henri pourquoi le jeune homme était saisi
    d'horreur.

V. Répondez par des phrases complètes aux questions suivantes:

1. Qu'est-ce que le héros de l'histoire cherchait?
2. Que faisait-il depuis trois mois?

3. Qu'est-ce que le vieux cousin avait fait pour lui?
4. Qu'attendait-il?
5. Que disait le télégramme?
6. Comment a-t-il pu obtenir un costume neuf?
7. Qu'est-ce qu'il a fait pour aider la jeune femme?
8. Pourquoi a-t-il espéré changer de voiture?
9. Qui est venu voir le jeune homme à l'hôtel et pourquoi?
10. Qu'est-ce que Besace a fait pour aider le jeune homme avant son départ?

18. LE JONGLEUR DE NOTRE-DAME

I. Formez les questions dont voici les réponses:

1. Le jongleur allait par la ville et faisait des tours de force et d'adresse.
2. Il étendait sur la place publique un vieux tapis tout usé.
3. Les boules de cuivre brillaient au soleil.
4. Il jonglait avec douze couteaux.
5. Il ne manquait jamais de s'agenouiller.
6. Il a caché ses boules et ses couteaux dans son vieux tapis.
7. Le moine suivait le même chemin.
8. Le prieur dit: «Il n'y a pas de plus bel état que l'état monastique.»
9. Le moine le fera entrer dans le couvent dont il est prieur.
10. Le Frère Maurice copiait ces traités sur des feuilles de vélin.

II. Transformez les phrases suivantes en remplaçant les substantifs ou les mots en italique par des pronoms personnels:

1. Le pauvre jongleur demeurait en France.
2. Il étendait un vieux tapis sur la place publique.
3. Il jetait les boules de cuivre en l'air.

    4. Il lui fallait la chaleur du soleil.

    5. Le jongleur n'avait jamais réfléchi à l'origine des richesses.

    6. A-t-il vu un moine sur la route?

    7. Prenez garde *à ce que vous dites.*

    8. Le moine a été touché de sa simplicité.

    9. On a conduit Marie l'Égyptienne dans le désert.

   10. Ils ont vu Barnabé devant l'autel.

*III. Répondez par des phrases complètes aux questions suivantes
    en remplaçant les substantifs et/ou les mots en italique par des
    pronoms personnels:*

    1. Vous me dites *qu'il y avait un pauvre jongleur?*

    2. Vous allez jongler les boules en l'air?

    3. Vous me montrerez les douze couteaux?

    4. Vous êtes le jongleur?

    5. C'est la cigale qui souffrait *du froid?*

    6. Vous promettez de me permettre *d'entrer au couvent?*

    7. On n'a pas jonglé les balles?

    8. Vous m'admettez *que vous avez parlé comme un ignorant?*

    9. Vous me montrerez *de fines miniatures?*

   10. Il s'abandonne *à la tristesse?*

*IV. Faites à propos des phrases suivantes les questions ou les
    réponses nécessaires:*

    1. Dites-moi de quelle période historique on parle ici.

    2. Demandez à Laure quels étaient les tours faits par Barnabé.

    3. Dites à Henri de quelle façon le jongleur attrapait les boules de cuivre.

    4. Dites-moi pourquoi Barnabé préférait l'été.

    5. Demandez à Robert comment il portait les boules et les couteaux.

  6. Dites-moi ce qu'on faisait au monastère.

  7. Demandez à Pierre quel était le poste tenu par le compagnon de voyage de Barnabé.

  8. Dites à Henri ce que le Frère Maurice faisait pour servir la sainte Vierge.

  9. Demandez à Robert ce que faisait le Frère Alexandre.

10. Demandez-moi pourquoi le prieur et les deux anciens sont allés ensemble à la chapelle.

V. Répondez par des phrases complètes aux questions suivantes:

  1. Où est né Barnabé?

  2. Pourquoi allait-il par les villes?

  3. Qu'est-ce qu'il jonglait?

  4. Pourquoi n'aime-t-il pas l'hiver?

  5. A qui était-il très dévot?

  6. Que faisait-il à l'église?

  7. Qui a-t-il rencontré un jour?

  8. Quelle vie lui a été recommandée par son compagnon?

  9. Où a-t-il décidé de passer sa vie?

10. Qu'est-ce qu'il a décidé de faire pour servir la Mère de Dieu?

19. MALCHANCE ALLEMANDE

I. Remplacez les mots en italique par le pronom y *ou par le pronom* en. *Faites tous les changements nécessaires.*

  1. Les régiments ne cessaient de passer *devant la façade blanche et basse.*

  2. Ils lui réclamaient *de l'avoine.*

  3. Deux fourragères furent remplies *de meubles.*

  4. Le général s'intéressait *à l'opération.*

  5. Elle s'est dirigée *vers la haute futaie.*

6. Les Allemands sont-ils *dans le parc?*

7. Elle s'est assise *sur un banc.*

8. Je le préviens *d'une attaque.*

9. Les surveillants coupent *des gaules dans les bordures.*

10. Veux-tu porter le message *au poste français le plus voisin?*

II. *Faites un résumé oral de cette histoire en vous servant du style populaire au passé.*

III. *Remplacez les tirets par la forme convenable d'un pronom ou d'un adjectif démonstratif.*

1. ———— est le château de madame de Chelles.

2. Le château est ———— de madame de Chelles.

3. Les chiens sont ———— du propriétaire du château.

4. La dame sur le banc et l'homme qui l'écoute sont Français; ———— va porter le message; ———— vient de l'écrire.

5. Quelle automobile préfère-t-il, ———— ou ————?

6. ———— façade-ci est plus jolie que ————.

7. ———— officier ———— est Allemand.

8. ———— est vrai, ———— est le plus beau château de la région.

9. ———— est juste; ———— est injuste.

10. ———— dame ———— est ———— qui a aidé les Français.

IV. *Faites à propos des phrases suivantes les questions ou les réponses nécessaires:*

1. Dites-moi ce qui a été envahi.

2. Demandez à Henri quand cette guerre a commencé.

3. Dites à Pierre pourquoi vous n'avez pas été soldat dans cette guerre.

4. Dites-moi ce qu'on a terminé avant le départ des four-ragères.

5. Demandez à Robert comment s'appelait le Massif.

6. Dites à Henriette où madame de Chelles est allée.
7. Dites-moi ce que faisait madame de Chelles.
8. Demandez à Robert ce que faisaient les surveillants.
9. Dites-moi ce que vous lancez au printemps.
10. Demandez à Pierre pourquoi madame de Chelles ne répondait pas aux questions posées en allemand.

V. Répondez par des phrases complètes aux questions suivantes:

1. Qu'est-ce qu'on a envahi?
2. Quel pays est-ce que l'armée avait envahi?
3. De quelle guerre s'agissait-il?
4. Quand parlait-on à madame de Chelles?
5. Qu'est-ce qu'on appelle une demeure comme celle de madame de Chelles?
6. Qu'est-ce qu'on lui demandait de fournir?
7. Quelle était la destination des fourragères?
8. A qui madame de Chelles a-t-elle parlé dans le parc?
9. Qu'est-ce qu'elle a lancé à cette personne?
10. Pourquoi l'attaque tentée a-t-elle manqué?

20. LA RENTRÉE DES TROUPEAUX

I. Faites une description écrite de la rentrée de ce troupeau.

II. Remplacez les mots en italique par où *(interrogatif ou relatif).*

1. De *quel endroit* revenait le troupeau?
2. Le mas *auquel* il redescend est grand.
3. Les Alpes *dans lesquelles* les moutons avaient passé l'été sont bien loin.
4. C'est la route *sur laquelle* passe le troupeau.
5. Les paniers *dans lesquels* on met les agnelets sont grands.

6. Le portail *sous lequel* s'engouffre le troupeau est bien large.

7. C'est la laine *dans laquelle* chaque mouton a rapporté l'air des montagnes.

8. Le voyage *dans lequel* sont nés les agneaux a duré plusieurs jours.

9. *A quel endroit* se dirigent les chiens après avoir fini leur travail?

10. *Dans quoi* se trouve l'eau fraîche?

III. *Refaites les phrases suivantes en remplaçant les mots en italique par leurs antonymes:*

1. Bêtes et gens passent cinq ou six mois *là-bas.*

2. Les bergeries étaient *pleines.*

3. Nous voyons le troupeau *se reculer.*

4. Les vieux béliers viennent, la queue *en avant.*

5. Les béliers ont l'air *paisible.*

6. Tout cela défile *tristement.*

7. *Du haut* de leur perchoir les paons ont reconnu les arrivants.

8. Le poulailler *s'endormait.*

9. Certains agneaux sont *morts* dans le voyage.

10. Les animaux *se lèvent avant* le voyage.

IV. *Faites à propos des phrases suivantes les questions ou les réponses nécessaires:*

1. Dites-moi si vous avez jamais visité la Provence.

2. Demandez à Pierre combien de temps les moutons passent dans les Alpes.

3. Dites à Robert vers quelle heure le troupeau est rentré.

4. Demandez à Henri qui vient d'abord.

5. Dites-moi quelle est la condition des chiens.

6. Demandez à Hélène ce que portent les bergers.

7. Dites-moi comment les paons accueillent les arrivants.

8. Dites à Henri ce qui s'est passé dans le poulailler.

9. Demandez à Pierre pourquoi les agneaux sont étonnés.

10. Dites à Robert ce que fait le chien de garde.

V. Répondez par des phrases complètes aux questions suivantes:

1. Où se trouve la Provence?

2. Où est né Daudet?

3. Dans quelle collection de contes se trouve cet extrait?

4. Où se trouve le moulin de Daudet?

5. Où va le bétail en été et pourquoi?

6. Quand redescend-on au mas?

7. Où avait-on mis la paille fraîche?

8. Qui accompagnait le troupeau?

9. Qu'est-ce qui montre la fidélité au travail montrée par les chiens?

10. Qu'est-ce que les chiens de berger avaient vu dans la montagne?

21. LES CERISES DU COMTE DE BELLEMARE

I. Complétez les phrases suivantes en remplaçant les tirets par les prépositions nécessaires:

1. Le détachement devait partir ———— Toulouse pour se rendre ———— Bordeaux.

2. Certains officiers restaient ———— ville; d'autres changeaient ———— garnison.

3. Il tenait ———— laisser un bon souvenir ———— ses habitués.

4. Un jeune homme, fils ———— émigré, porta la santé ———— roi.

5. Il y eut un soulèvement ———— enthousiasme parmi les jeunes officiers appartenant presque tous ———— l'aristocratie et qui tenaient leurs grades ———— Louis XVIII.

6. Un certain capitaine ———— origine corse, qui avait fait les dernières campagnes de l'Empire, s'était arrangé ———— façon ———— garder son grade ———— la Restauration.

7. Ce mouvement n'échappa pas ———— comte ———— Bellemare, qui souffrait impatiemment la présence ———— cet officier ———— Napoléon, ———— un caractère sombre.

8. Bellemare emplit ———— nouveau son verre et but ———— la honte ———— despots.

9. Bellemare, ———— peu près ivre, s'avança ———— le capitaine et le gifla. Vitalis saisit le jeune homme ———— les deux bras et, le jetant ———— la renverse, il s'apprêtait ———— le fouler ———— pieds.

10. Le jeune lieutenant arriva ———— rendez-vous, une main pleine ———— cerises, qu'il mangeait tranquillement, s'amusant ———— cracher les noyaux.

II. *Donnez des mots de la même famille que les mots suivants:*

1. détachement 2. usage 3. épaulette 4. impatience
5. nouvelle 6. ivresse 7. témoin 8. signal 9. intérêt
10. orgueil

III. *Refaites les phrases suivantes en remplaçant les mots en italique par des synonymes:*

1. Il *tenait à* laisser un bon souvenir.
2. *Le roi* gouverne son royaume.
3. Il *aurait préféré* s'abstenir.
4. Bellemare emplit *de nouveau* son verre.
5. Son coude avait *heurté* la table.

6. Le verre *se brisa* sur le parquet.
7. Bellemare *semblait* ne s'occuper que de ces cerises.
8. Que votre *orgueil* ne se cabre pas!
9. Ce crépuscule *avait l'air* d'une aurore.
10. Il *se dirigea* vers le château.

IV. Faites à propos des phrases suivantes les questions ou les réponses nécessaires:

1. Dites-moi quand s'est passée cette histoire.
2. Demandez à Laure si elle connaît des comtes.
3. Dites à Henri où se trouvait le détachement.
4. Demandez à Robert où le détachement devait aller.
5. Dites-moi quelle était l'origine du capitaine.
6. Dites-moi si vous connaissez la Méditerranée.
7. Dites à Pierre de qui on a porté la santé.
8. Demandez à Robert où se trouvait le château.
9. Dites à Pierre à qui l'officier parlait.
10. Dites-moi ce que comptait faire la jeune marquise.

V. Répondez par des phrases complètes aux questions suivantes:

1. Où se trouvait le 3e hussards?
2. Pourquoi les officiers se réunissaient-ils?
3. Qui régnait en France à cette époque?
4. Qui avait précédé ce monarque?
5. Dans quelles campagnes militaires avait servi le capitaine Vitalis?
6. Qu'est-ce qui est arrivé au verre tenu par le capitaine?
7. Pourquoi le jeune lieutenant a-t-il giflé Vitalis?
8. Comment le comte s'est-il amusé avant le duel?
9. Pourquoi Vitalis n'a-t-il pas tiré à son tour?
10. Qu'est-ce qui est arrivé six ans après?

22. LE SACRIFICE

I. Remplacez le passé simple par le passé composé dans chacune des phrases suivantes:

    1. Je *descendis* les marches.

    2. Une main invisible *lança* une bombe.

    3. Ses yeux *se remplirent* d'eau.

    4. Je le *conduisis* dans la salle.

    5. Il *se dirigea* vers Léglise.

    6. Léglise nous *comprit.*

    7. Tous les peupliers *se mirent* à remuer leurs feuilles.

    8. Nous *descendîmes* au jardin.

    9. Il *vécut* avec sa mère.

    10. Ils s'en *allèrent.*

II. Complétez les phrases suivantes en mettant les infinitifs: a) au présent; b) au futur; c) à l'imparfait; d) au passé simple.

    1. Ils (*apercevoir*) les tours de la cathédrale de Reims.

    2. On (*sentir*) peser une sorte de torpeur sur le champ de bataille.

    3. Il (*ouvrir*) l'arrière de son auto.

    4. Une voix (*sortir*) du fond de sa voiture.

    5. Le blessé (*se tenir*) des deux mains au brancard.

    6. C'est ici que (*commencer*) l'histoire de Gaston Léglise.

    7. Les petits éclats de grenade (*faire*) aux jambes d'un homme des blessures minimes.

    8. De grands désordres (*pouvoir*) entrer par ces petites plaies.

    9. Il (*revoir*) le poste d'écoute.

    10. On le (*endormir*) pour examiner la blessure.

III. Remplacez les mots en italique par l'adverbe convenable.

    1. Il souleva la tête *avec difficulté.*

2. Il respire *avec peine*.
3. Son regard s'attache au mien *avec anxiété*.
4. Il attendait l'opération *avec calme*.
5. Le général a embrassé le blessé *avec affection*.
6. Je me demande *avec désespoir* s'il n'a pas raison.
7. Des fusées montent au-dessus des collines et retombent *avec lenteur*.
8. Je le lui dis *avec douceur*.
9. Il supporte la douleur *avec résolution*.
10. Il pleure *de joie*.

IV. *Faites à propos des phrases suivantes les questions ou les réponses nécessaires:*

1. Dites-moi à quel établissement on se trouvait.
2. Demandez à Pierre où se trouve Reims.
3. Dites à Henriette ce qu'on voyait et entendait au lointain.
4. Demandez-moi quelle était la profession de Duhamel à cette époque.
5. Demandez à Robert comment on a porté le grand blessé dans l'hôpital.
6. Dites-moi où se trouvait Gaston Léglise quand il a été blessé.
7. Demandez à Pierre comment étaient les nuits.
8. Dites-moi pourquoi on a porté le blessé dans la chambre noire.
9. Dites-moi quelles étaient les citations reçues par Léglise.
10. Demandez à Henri ce qui a distingué Léglise quand il a fait le voyage de chemin de fer avec d'autres blessés.

V. *Répondez par des phrases complètes aux questions suivantes:*

1. Pourquoi avait-on ouvert toutes les fenêtres?
2. De quelle cathédrale parle-t-on ici?
3. De quelle guerre s'agit-il?

4. Qu'est-ce que la voiture transportait?
5. Qu'est-ce que la voix basse a dit?
6. Comment s'appelait le grand blessé?
7. Qu'est-ce qui l'avait blessé et où?
8. Où est-ce que la mort s'est arrêtée?
9. Pourquoi le général G*** est-il venu?
10. Quel autre sacrifice a été demandé?

23. LES CAMARADES

I. Complétez les phrases suivantes en remplaçant chaque tiret par une préposition, s'il y a lieu:

1. Cet aviateur a failli ———— être tué quand son avion s'est écrasé sur une montagne des Andes.
2. Il faisait si froid qu'il devait ———— se redresser vite après avoir glissé, afin ———— n'être point changé en pierre.
3. Quelque chose lui disait ———— continuer ———— marcher malgré sa fatigue et son sommeil.
4. Il lui était difficile ———— s'empêcher ———— penser.
5. Pour avoir le courage ———— marcher, il refusait ———— considérer sa situation désespérée.
6. Il décidait ———— refuser son retour, mais il pensait ———— sa femme et ———— ses camarades.
7. Il avait déposé un gant ———— lui et ensuite il était reparti ———— le ramasser.
8. Il disait ———— son cœur ———— tâcher ———— battre encore une fois.
9. Il est fier ———— la victoire remportée ———— ses camarades.
10. Il commence ———— se sentir responsable ———— ce qui se bâtit de neuf, là-bas, ———— les vivants, ———— quoi il doit participer.

II. *Complétez chacune des phrases suivantes en remplaçant l'infinitif entre parenthèses par la forme convenable:*

1. Le corps de l'aviateur est marqué des grands coups qu'il a (*recevoir*).
2. Il (*avancer—imparfait*) toujours malgré ses chutes.
3. Chaque jour il coupe un peu plus ses souliers pour que ses pieds (*pouvoir*) y tenir.
4. S'il était tombé et (*se lever—négatif*), il (*mourir*) de froid.
5. Il sait que s'il (*pouvoir—présent*) se relever, il (*pouvoir*) l'atteindre.
6. Son cœur hésitait, mais ne le (*trahir*) pas et (*repartir*) toujours.
7. Il (*se sentir—présent*) responsable du courrier et des camarades qui (*espérer*) le voir revenir.
8. C'est être fier d'une victoire que les camarades (*remporter—passé composé*).
9. Ce jeune homme (*céder—présent*) à quelque tentation littéraire en (*habiller*) ses mains de gants blancs.
10. Il (*marcher*) depuis plusieurs jours et plusieurs nuits quand on l'a trouvé.

III. *Donnez le contraire de chacun des mots suivants:*

1. le froid   2. vite   3. mort (*adj.*)   4. il vivait   5. vide (*adj.*)   6. lourd, lourde   7. doux   8. proche   9. loin de   10. je m'enrichissais

IV. *Faites à propos des phrases suivantes les questions ou les réponses nécessaires:*

1. Dites-moi quel était le métier de Saint-Exupéry.
2. Demandez-moi pourquoi les aviateurs français étaient dans l'Amérique du Sud.
3. Demandez à Pierre s'il a fait des promenades dans la montagne.

4. Dites à Robert pourquoi Guillaumet était obligé de marcher.

5. Demandez à Henri pourquoi l'aviateur fermait les yeux.

6. Dites-moi ce qui arrive dans le cas d'une disparition.

7. Demandez à Pierre combien de temps Guillaumet a marché.

8. Dites à Hélène qui est appelé quand un cœur tombe en panne.

9. Demandez à Henri qui est appelé quand une voiture tombe en panne.

10. Dites-moi comment s'appelle la ville où l'on soignait Guillaumet et où elle se trouve.

V. Répondez par des phrases complètes aux questions suivantes:

1. Qu'est-ce que cette personne revivait?

2. Quand cet homme a-t-il fait ce récit?

3. Où se trouve la scène de cette aventure?

4. Pourquoi le héros de l'histoire avait-il été obligé de faire une longue marche pénible?

5. Pourquoi était-il dangereux pour lui de s'endormir?

6. A qui pensait cet homme?

7. Quels objets a-t-il oubliés?

8. De quoi était-il fier?

9. D'après l'auteur, qu'est-ce qui constitue la grandeur de Guillaumet?

10. Quelle était la différence essentielle entre la mort du suicidé et celle du jardinier?

24. L'HÔTE

I. Donnez le synonyme de chacun des mots suivants:

1. bâtie   2. un chandail

3. donnant sur
4. foncé
5. on eût dit
6. basané

7. la ride
8. obstiné
9. poli (*surface*)
10. froidement

II. *Mettez les phrases suivantes au passif:*

1. Ils suivaient la piste.
2. Il traversa la salle de classe.
3. Il avait aperçu les deux hommes.
4. Le malheur les avait tous atteints.
5. Daru conduisit la bête vers l'appentis.
6. Tu livreras le camarade à Tinguit.
7. On m'a confié cet homme.
8. Il a tué son cousin.
9. La neige étouffait ses pas.
10. On l'avait nommé à un poste.

III. *Mettez les phrases suivantes au passé composé:*

1. On la construit au flanc d'une colline; ils la voient.
2. Le jet de vapeur sort des naseaux du cheval; on peut le voir.
3. Il faut attendre le beau temps.
4. Il aperçoit les deux hommes sur la piste; ils ne le voient pas.
5. La neige tombe; elle ne fond pas tout de suite.
6. Des navires de blé arrivent de France; on désire les provisions qu'ils apportent.
7. Daru ne répond pas; il les regarde monter.
8. Il les fait pénétrer dans sa chambre.
9. Les hommes se lèvent et entrent dans l'école où ils s'asseyent.
10. Le soleil règne de nouveau et la neige disparaît.

IV. Faites à propos des phrases suivantes les questions ou les réponses nécessaires:

1. Dites-moi où se trouve la région qu'habitait Daru.
2. Demandez à Pierre quel temps il venait de faire.
3. Dites à Robert pourquoi Daru était rentré dans l'école.
4. Dites-moi quel était le métier de Balducci.
5. Demandez à Henri pourquoi le groupe avançait lentement.
6. Dites-moi comment Balducci tenait l'Arabe.
7. Demandez à Pierre pourquoi Daru n'aimait pas les ordres de Balducci.
8. Dites-moi ce que craignaient les autorités.
9. Demandez à Robert ce que le gendarme a laissé à Daru.

V. Répondez par des phrases complètes aux questions suivantes:

1. Quel était le métier de Daru?
2. Qu'est-ce qu'il regardait?
3. Où se trouvait l'école?
4. Qu'est-ce qui se trouvait sur le tableau noir?
5. Qu'est-ce qui avait duré trois jours?
6. Qu'est-ce qui encombrait la petite chambre?
7. Pourquoi Balducci était-il venu?
8. Que voulait-il que Daru fasse?
9. Qu'est-ce que l'Arabe avait fait pour se faire arrêter?
10. Qu'est-ce que l'Arabe a fini par faire?